K. von Törring-Seefeld

Die Majestät in der Klemme

Theatralische Sammlung

K. von Törring-Seefeld

Die Majestät in der Klemme
Theatralische Sammlung

ISBN/EAN: 9783743426504

Hergestellt in Europa, USA, Kanada, Australien, Japan

Cover: Foto ©Thomas Meinert / pixelio.de

Manufactured and distributed by brebook publishing software (www.brebook.com)

K. von Törring-Seefeld

Die Majestät in der Klemme

Theatralische Sammlung.

1) Die Majestät in der Klemme.

2) Johann Hennüyer, Bischoff von Lisieux.

3) Der Taubstumme.

Erster Band.

Wien,

verlegt, und zu finden bei Johann Jos. Jahn,
im Handelhofe Nro. 534.

1 7 9 1.

Die
Majestät in der Klemme.

Ein Originaltrauerspiel

in fünf Aufzügen,

Von

Grafen K. v. Törring-Seefeld.

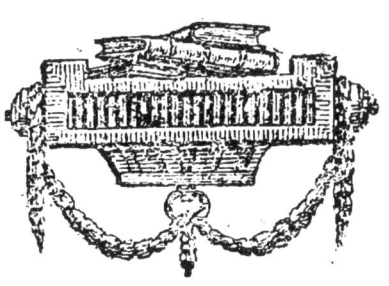

München, 1791.

Perſonen.

König Heinrich *** von England.

Graf von Sudney, Miniſter.

Herzog von Buckinthal.

Don Fernando, Geſandter von Spanien.

Graf Weſten, Präſident.

Lord Brandon, Staatskanzler.

Graf von Andley,
Herzog von Porten, } Glieder des Staatsraths.
Herzog von Cheſter,

Butt, des Königs Leibarzt.

Lord Bremvill, Hauptmann von der Garde.

Ein Edelknabe des Königs.

Ein Sekretär, und ein Kammerdiener des Grafen
    von Sudney.

Emilia, Sudneys Tochter.

Ein Bauer Rinnbold, und

Seine zween Söhne.

Zween Bürgermeiſter, und mehrere Bürger aus der
    Stadt.

Zween Staatsſekretäre.

Ein Ausrufer.

Ein Rathsdiener.

Zween Gerichtsdiener, Thürſteher der geheimden
    Rathsſtube, verſchiedene Hofleute als ſtumme
    Perſonen, Wache, Garde, und anderes
    Gefolg.

Erster Aufzug.

Ein Vorzimmer im Pallaste.

Erster Auftritt.

Die Dienerschaft des Grafen von Sudney kömmt bis zur Thüre, die Garde stellt sich Links und Rechts im Vorsaale an. Der Sekretär und Kammerdiener treten ein, jedoch in einiger Entfernung vom Graf Sudney. Der Graf tritt vor.

Sudney.

Sekretär! habt ihr die Bittschrift des Magistrats mitgenommen?

Sekret. Hier ist sie.

Sudn. (setzt sich, und liest.) Was das für ein Gewäsch, für ein Gewinsel ist — „Das wird, und kann der Wille unsers gerechten Königs nicht seyn.“ — Wie frech! Eine Bittschrift an einen Minister voll solcher Ausdrücke — „man muthet uns Abgaben zu, worunter wir erlie-

gen müßen" — so heißt es immer; zeigt man
aber Ernst, und wird mit Execution gedrohet, so
geht's doch. — „Ist der König alsdann glück=
licher, wenn wir bey Bettlern um Brod bitten
müßen: verlanget das ein gerechter Heinrich?"
Wie heißt der Verfasser dieses Geschmiers? Ist
euch die Hand bekannt?

Sekret. Des Rechtsgelehrten Vaux Schrift,
der den Ruf eines ehrlichen Mannes besitzt.

Sudn. Um euren Zusatz befragt ich euch nicht.
Der Kerl ist thöricht; sollte er nicht wißen, daß
meine Befehle den Willen meines Königs enthalten?
Er ist zu kühn; man ahnde sein Vergehen: er soll
sich ja bey schärfester Geldstrafe nicht mehr unter=
fangen, in dergleichen Fällen zu dienen — aber,
wo bleiben dann die Stützen der Stadt? sehet, ob
sie nicht kommen. (Kammerdiener geht ab, für sich.)
Die sollen bald abgefertiget werden; eine despotische
Antwort, ein donnerndes: Ich will's, soll sie
schreckenvoll von mir schicken! Ha! Dank sey dei=
nem Witze Sudney! durch die gestrige Auflage hast
du deinem Goldkasten um dreymal hundert tausend
Pfund Sterling mehr gespicket. — Dank diesem
Kopfe, der nur mit Königen spielt, und durch
Bürger gewinnt.

Zwey=

Zweyter Auftritt.

Drey Bürgermeister, Bürger, und Kammerdiener.

Kammerd. Milord! die Bürgermeister.

Sudn. (den Hut auf den Kopfe, setzt sich.) Tretet vor!

1. Bürgerm. (zu den übrigen.) Sehet! selbst der König spricht nicht so mit uns.

2. Bürgerm. Schrecklicher Stolz!

Sudn. Nun, wird's bald? Sinnet ihr auf gehörige Ausdrücke? O! fürchtet nicht, etwas unanständigeres anzubringen, als eure Schrift hier enthält — aber zur Sache: Wisset, daß ich auch Geschäfte habe!

2. Bürgerm. (leise zu einem Bürger.) Heißt das müßig seyn?

Sudn. (unwillig) — Kurz.

1. Bürgerm. Wir bitten, uns das Anstößige zu vergeben, so wider mein Verschulden in unsrer Bittschrift unterloffen.

Sudn. Seyd ihr also der unverschämte Verfasser? —

2. Bürgerm. In Gegenwart meiner versammelten Mitbürger gab ich diese Vorstellung an, ich sprach nicht für mich — bin ich für das Wohl getreuer Bürger und Unterthanen des Königs zu beredt geworden, so straft! — laßt mich dann neuerdings euern Zorn fühlen, wenn ich erinnere, daß die Bürger in Kürze mit Abgaben beladen worden,

wodurch ihre Treue wankend gemacht wird; und
wenn sie gleich die bittersten Vorwürfe darüber nur
dem Anstifter dieser Zumuthungen machen, so entge-
het doch der König, unser Herr, — dessen Ehre der
Himmel vor aller Entweihung schütze, nicht ganz
den ungeziemenden Reden der Leute, die der Treue
eines Unterthans fast vergessen, und in laute Empörung ausbrechen.

Sudn. Ihr werdet unverschämt! — vergeßt,
wer ich bin! — Beynahe in laute Empörung?

1. Bürgerm. Nicht beynahe; sie bricht schon
aus, denn wegen jener Auflage bieten sie jedem Er-
folge Trotz; alles ist in Verzweiflung, und dem
Aufruhre nahe — sie sind gefährlich — Die Pflich-
ten eines rechtschaffenen Bürgers sehe ich nun erfüllt;
ist mein Betragen strafbar? wohl! Ist aber nur die
Art meines Vortrages auffallend, so bedenket, daß
ein beklemmtes Herz dem Munde keine Zügel läßt —
schonet nur meine Mitbürger! zertretet, wie ihr
wollt, diese ohnehin schon zerbrechliche Knochen —
nehmt ihn hin diesen grauen Schädel, — aber schonet unsere Kinder: laßt ihnen nur das trockene Brod,
und Ihr sollt Millionen Segen dafür haben.

Sudn. Ich hab dich ausschwätzen lassen, alter, stolzer, empörender Wurm! ihr unterfangt
euch, gegen die höchsten Befehle Einwendungen zu
machen? — Blinder Gehorsam sey eure Pflicht:
der von euch den geringsten Widerstand merken läßt,
soll von mir als Rebell auf die schrecklichste Art be-
strafet werden — auspechen will ich euch, wie
Motten.

I.

1. **Bürgerm.** Die Nester sind leer — den Honig habt ihr an euch gesogen, formet uns, wie ihr wollt, Wachs werden wir stets bleiben; aber Honig —

2 **Bürgerm.** Unsere Hütten über unsere Köpfe in Flammen zu stecken, kann euer letztes seyn. —

Sudn. O! zittert, daß ich keine Richtstadt dafür hinsetze — gehet, gehet, und weigert euch nicht, denn bey Gott! —

1. **Bürgerm.** Nie widersetzen wir uns den Befehlen unsers gerechten Königs nachzukommen — nur entstunden bey uns Zweifel, ob dieß der gerechte Wille Sr. Majestät war? Wir hoffen durch Vorstellungen —

Sudn. Meines Königs Vorsatz zu ändern? — Der König geht sehr hart von seinen Entschlüßen mehr ab, — denn wisset, daß mein Wille der Wille des Königs sey.

1. **Bürgerm.** Um Vergebung: wir wußten nicht, daß der König keinen Willen mehr habe. — (macht eine sehr tiefe Verbeugung, gehet ab.)

2. **Bürgerm.** (im Abgehen) Himmel! was wird noch aus uns werden? (Ab.)

(Die Bürger gehen bestürzt ab, und sagen untereinander) Bettler! Bettler!

Dritter Auftritt.

Sudney, die Vorigen.

Sudn. Sie ziehen zitternd ab, so wie ich es haben wollte; gut fürs Wiederkommen; denn diese Ausschreibung hier werden sie noch weniger verdauen.

Vierter Auftritt.

Kammerdiener, die Vorigen.

Kammerd. Ein Bauer mit zween Knaben bittet vorgelassen zu werden. (wischt sich eine Thräne aus dem Auge.)

Sudn. Ein andersmal. (liest eine Schrift.) Dermalen kann's nicht seyn.

Kammerd. Er kömmt schon zum zehntenmal, ohne angehört zu werden; sein Dorf ist 20 Meilen von der Stadt.

Sudn. So soll er übermorgen wiederkommen; ihr seht ja, daß ich beschäftiget bin — was ist euch? Ihr weint gar? —

Kammerd. Ueber das Elend dieses armen Bauers: — um Gotteswillen, sagte er, macht doch, daß ich angehöret werde: nehmt hier diese meine letzte Kupfermünze; die silbernen ließ ich zwischen Thür und Angel stecken, — Gold hatte ich nie herzugeben; ich wurde also überall fortgeschicket, und auf diese Art doch meines wenigen Geldes beraubt.

raubt. Ich erstaunte, nehmt, sagte er weiter, so viel will ich heute für mich und meine Kinder erbetteln. Er sah sie an, küßte sie, und gab sie mir mit weinenden Augen. Thränenvoll stunden die meinigen: seinen Heller nahm ich an, und gab ihm dafür eine halbe Guinee, mit der Versicherung: ich wollte ihm Gehör verschaffen. Hier ist seine Münze, da seine Thräne. — Gott! —

Sudn. (lachend) Deine Weichherzigkeit bringt mich zum Lachen: muß ihn doch sehen, deinen Bauern; sah' schon lang kein solch Wunderthier. Laßt ihn vor! (Kammerdiener geht zur Thüre.) Kommt herein! — sehet Se. Herrlichkeit!

Fünfter Auftritt.

Rinnbold, seine 2 Knaben, und die Vorigen.

Rinnb. (zum Kammerdiener.) Dank, Millionenmal, Dank! lieber, großmüthiger Herr!

Sudn. Was sucht ihr bey mir?

Rinnb. Gerechtigkeit! Gerechtigkeit. (Wirft sich dem Grafen zu Füßen.)

Sudn. Die sollt ihr finden, steht auf! steht auf!

Rinnb. Ich hab' noch vor keinem Menschen auf den Knien gebethen; aber vor euch will ich's, und sollten meine Knie bluten: freylich hart, aber — wie vor dem Allerhöchsten lieg' ich vor euch; denn so wollt ihr's doch haben? — ich will mehr thun,

wie

wie meinen Gott will ich euch anbeten; aber ſeyd
nicht ſtolz, ſeyd gerecht, wie er.

Sudn. (für ſich.) Muß mich gnädig gegen
ihn zeigen (laut) ich will dir helfen: zum letzten=
mal: ſteh’ auf! laß hören!

Rinnb. (ſteht auf) Gäb’s kein ſchönes Weib,
oder wenigſt nicht auch auf dem Lande Wohllüſtlinge,
ſo wär unſer eins immer noch glücklich; aber da fährt
der Teufel in unſern Dorfrichter: — meine Liſe war
ſchön, und Gottlob, eben ſo tugendhaft: das ſtand
ihm gar nicht an; er iſt aus der Stadt, und hat
zu viel auf ſeine Kniffe getrauet, darum ward er
wüthend, als er nie zum Ziele kam: verträgt ſich
dann Liebe mit Grauſamkeit? Hört nur! ihr hört
kein unwahres Wort. Es iſt acht Tage, daß ich
auf ein ungewohntes Lärmen der Pferde in meinen
Stall kam: noch ſah’ ich zur einen Thür den Gerichtsdiener, und des Beamten Oberknecht mit bren=
nenden Strohfackeln hinauslaufen — und Gott!
ſchon dämpfte mir der Rauch aus der Laubhütte ent=
gegen, und Feuer brach auf allen Ecken aus: wie
wir zuſammengeloffen, geſchrien, geheult haben! —
Scheuer und Haus war Holz: meine lieben Nachbarn
konnten mir nichts retten, als mein Weib, und
meine beeden Kinder — ich erwiſchte noch einen
Säckel Geld, mein Alles. Ich lief zu Gericht,
machte meine Anzeige: mein Weib hätte Hilfe ver=
dienen ſollen; aber verdammt der Antrag!

Sudn. Wie heißt der Mordbrenner?

Rinnb. Bowel.

Sudn.

Sudn. (für sich.) Behüte, daß ich etwas wider ihn unternehme: alle Jahre 200 Guineen: dafür laß ich ihn walten, wie er will: (laut) Kleinigkeiten, Kleinigkeiten! ihr könnt ja keine Beweise führen, und vergaßt euch gewiß zu sehr!

Rinnb. Ich dachte als Mann.

Sudn. Ist das alles?

Rinnb. Ich sollte den Thätern Genugthuung verschaffen, und nun schmachtet mein theures Weib im Gefängniße.

Sudn. Nur das?

Rinnb. Nur das! Frau, Mutter, und Brodlos: Gott!

Sudn. Nur das?

Rinnb. (nimmt seine zween Söhne bey der Hand) Noch eins: Nur das, oder einen Dolch durch diese drey Herzen.

Sudn. — Mir ist leid, — ich kann dir in dieser Sache nicht helfen.

Rinnb. So viel, als: ihr wollt nicht helfen: o liebes, gutes Weib! trefliche Mutter! ich kann dich also nicht retten?

Sudn. Wendet euch an das hohe Gericht!

Rinnb. Womit? — Nur ihr könnt uns helfen! (kniet mit seinen zween Knaben) seyd gerecht, ums Himmelswillen Gerechtigkeit! gebt diesen armen Kindern ihre Mutter wieder!

1. Sohn. (weint) Gebt uns doch unsere liebe Mutter wieder! (sieht den Grafen kläglich an) Sie war gar so gut: O schenkt sie uns doch! wir wollen alle Tage recht laut für euch beten.

Sudn.

Sudn. Geht doch, geht doch! deine Kinder zerreissen mich.

Rinnb. Lasset euch doch erweichen, um Gotteswillen!

2. Sohn. Ach! mich hungerts gar zu sehr, seitdem uns unsre gute Mutter keine Suppe mehr kocht — ach! das war eine Suppe! seither bekommen wir nichts, als Wasser und Brod —

Sudn. Ihr werdet lästig! (drängt sie von sich) zum letztenmal sag ich euch, geht! (steht auf) Ihr seyd ungestümme! vergeßt nicht, wo ihr seyd!

Rinnb. (nimmt seine zwey Kinder, und reißt sie auf) Auch dieses werd ich nie vergessen. Hinweg Kinder! laßt uns diesen Unmenschen meiden!

1. Sohn. Wann werden wir unsre Mutter sehen?

Rinnb. (zeigt ihm gegen den Himmel, und zugleich auf den Minister sehend) Dort werden wir uns alle sehen. (gehen bis zur Thüre.)

Sechster Auftritt.

Herzog von Buckinthal, die Vorigen:

Herz. v. Buckint. (an der Thüre zu Rinnbolden) Was fehlt euch meine lieben Leute? was habt ihr?

Rinnb. Ach! gnädiger Herr! die Gerechtigkeit beraubte mich von allem: Weib, und Vermögen, alles verschlang sie.

Bu

Buckint. Du dauerst mich: (giebt ihm seine Börse,) guter Mann! da, kauf beyde los! braucht ihr mehr, so kommt wieder.

Rinnb. Vergelt's euch derjenige, der dergleichen Verdienste belohnet. —

Buckint. Keinen Dank, laß's gut seyn.

Rinnb. Was für ein Mann? (geht mit seinen zween Söhnen ab.)

Siebenter Auftritt.

Buckinthal, Sudney.

Buckint. (im Fürgehen) — Betrog ich mich, so entwendet er um so viel weniger.

Sudn. (zu gleicher Zeit, winkt seinem Kammerdiener; und sagt ihm leise.) Bis auf weitere Befehle lasse man diesen Bauern nicht aus der Stadt, ich habe meine Ursachen.

(Kammerdiener geht ab.)

Buckint. Ist der König hier? — ganz allein Graf! — fürchtet ihr aufgehoben zu werden?

Sudn. Warum?

Buckint. Dieser Bedeckung wegen.

Sudn. Ihr vergeßt meinen Rang!

Buckint. Die öffentliche Gänge ausgenommen, weiß ich den König nie so bedeckt — zwar ihr habt recht: die Leute könnten vergessen, wer ihr seyd.

Sudn. Vergeßt ihr's nicht, Herzog!

Bu

Buckint. Ich könnte nicht, wenn ich ja wollte — aber glaubt mir Sudney! die Herzen zweener Unterthanen beschützen besser, als hundert solche Helleparden.

Sudn. Die zwey besten Herzen sind mein: die übrigen mögen sie behalten.

Buckint. Sagt: anderthalb — ein ganz zerfaultes, das euch Niemand rauben wird, und ein halb verdorbenes, so ihr angesteckt. (nimmt ihn bey der Hand.) — Will euch's ins Ohr flüstern, daß es bis zu euerm Gewissen donnert — besser hieher — ihr könnt doch Zeugen finden! (ins Ohr) also in voller Vertraulichkeit: das Herz des Königs.

Sudn. Bey Gott! Herzog! das geht zu weit; aus dem Munde des Königs erwarte ich meine Rechtfertigung; dann Genugthuung, das schwör ich: ihr habt meine Ehre angegriffen!

Buckint. Weist mir sie, diese Ehre; den Schatten davon will ich küßen; aber unmöglich: zeigt mir einen Engel in Luzifers Gestalt, wo doch so viele Teufel Engel scheinen.

Sudn. Darauf soll der König antworten; seyd ihr nur, mich zu beschimpfen, hieher gekommen?

Buckint. Wie befindet sich der König?

Sudn. Etwas besser.

Buckint. Seyd ihr verbannt?

Sudn. Wüßte es nicht verschuldet zu haben.

Buckint. So ist er noch immer in Todesgefahr.

Sudn.

Sudn. Noch einmal Herzog! ich verbitte mir dergleichen Reden; vor meinem König könnt ihr sagen, was ihr wollt. (für sich.) Wenn ich dich reden lasse!

Buckint. Der König wäre also besser, sagt ihr?

Sudn. Ja; aber zu schwach, und leider! zu entkräftet, um je ein Ehebündniß einzugehen. — Das Wohl seiner Unterthanen —

Buckint. Der Antrag vom König in Spanien wird also verworfen?

Sudn. So war der gestrige Entschluß.

Buckint. Der Gesandte mit einer abschlägigen Antwort zurückgeschicket?

Sudn. Das werden wir heute im Staatsrathe hören.

Buckint. (klatscht) Bravo, Bravo, herrlich ausgedacht: fein, Sudney! trefflich. (lacht) Wir werden also befraget, ob wir uns getrauen, einer andern Meinung zu seyn? — Wehe dann dem, der euch widerspricht; die meisten sind auf eurer Seite; um eine Guinee feil. —

Sudn. Nehmt euch in Acht, und gebraucht mehr Achtung: ihr schimpft den ganzen Rath.

Buckint. Beyleibe nicht ganz; es ist aber kein Schurke darunter — so nicht ganz den Galgen verdiente; einen Buckinthal werdet ihr nie erkaufen: Vaterland ist mein Wahlspruch.

Sudn. Es wäre zu fürchten, daß der König seinen Tod in seinem Brautbette fände; der Himmel

B er-

erhalte uns noch lange ein so theures Leben: länger, als der Leibarzt vermuthet.

Buckint. Seine Muthmaffungen sind falsch; (mit bedeutender Miene) doch, die Prophezeihung könnte zutreffen, denn ihr seyd Vertraute — Gott! ich verfalle auf Gedanken. (zerstreut) Graf! ich wollte euch über Dinge anklagen. — Nein, so teuflisch — stille, stille damit. — Aber Sudney! mein ganzes Vermögen wollte ich hingeben, wenn ihr mir nur gewiffe Zweifel benehmen könntet.

Sudn. Was wollt ihr damit sagen?

Buckint. — Daß die Umstände des Königs immer gleich; sein Geist schwächer — zu allem sehr gleichgültig — doch das wollt' ich auch nicht sagen.

Sudn. Was denn?

Buckint. Daß die Majestät todt —

Sudn. Todt? —

Buckint. So lang ihr sie regier't; nun auf Wiedersehen. (will gehen.)

Sudn. Verflucht seyen eure Vorwürfe; binnen einer Stunde soll Heinrich meine Unschuld vertheidigen, und vieleicht euer Verbrechen — doch hier ist der Ort nicht, mich zu rechtfertigen.

Buckint. Daß doch immer der Name Heinrich, dieser heilige Name der Deckmantel all eurer Kunstgriffe — will euch allein laffen, damit ihr noch Verbrechen erdichten, und mich darüber anklagen könnt. (geht bis zur Thüre.)

Sudn. Gehe nur, Rasender! ist schon dafür gesorgt. (für sich) Solche Feinde darf man nicht um sich dulden.

Bu›

Buckint. (geht zurück, und sucht in der Tasche.)
— Mein Gold hab ich hier beym Eintritte ver=
schenkt; ich wollt' es euch geben, um Zeugen wider
mich zu erkaufen. (geht ab.)

Sudn. Warte nur Stolzer! du sollst gedemü=
thiget werden.

Achter Auftritt.

Sudney.

Sudn. Ob der Herzog von seinem Falle noch
nichts muthmasset? — unmöglich! — was ver=
mögen Goldstücke nicht! — Die Verschwiegenheit
der Zeugen ist mir Bürge dafür. — 2000 Pfund
Sudney! ist nur eine Aderlaß für deine Kisten.
Ich gäbe 10000, um diesen Gegner zu stürzen.

Neunter Auftritt.

Präsident Graf Westen, die Vorigen.

Gr. West. Ihr habt mich rufen lassen, und
zwar in euer Haus bestellt! aber —

Sudn. Gut, daß ihr mich hier trefft, auf
Befehl Sr. Majestät (giebt ihm eine Schrift) soll ich
euch diese Bill einhändigen; mit dem Auftrage, sel=
be schleunigst verrufen, und an alle Grafschaften
verschicken zu lassen.

Gr. West. (liest) „Von einem jeden der
sechste Theil.“

Sudn. Muß ohne Auffſchub beygetrieben werden.

Weſt. Hart, — wahrlich hart! — den ſechsten Theil — eine fürchterliche Steuer! — Zweig, und Rinde haben wir dem Baum ſchon abgéhauen; nun einen Theil des Stammes.

Sudn. Die Wurzel bleibt, ſagt der König.

Weſt. Und der Safft verliert ſich in der Luft.

Sudn. Das ſagt' ich ihm auch; aber er wendet ſeine Kriege in Frankreich vor.

Weſt. Warum ließen Se. Majeſtät die Sache nicht in der heutigen Verſammlung vortragen?

Sudn. Um nicht widerſprochen zu werden. Es wäre meinem König leid, Jemanden ſeine Ungnade fühlen zu laſſen.

Weſt. Wie ſchrecklich iſt es auch, auf ſo eine Art ſeine Gnade zu verdienen!

Sudn. Beſorgt den Innhalt dieſes Befehls, Graf! und laßt ihn ja nicht ſchlafen.

Weſt. (für ſich, auf das Papier deutend) O ſchlaf ewig! wenigſt ſo lang, bis ich darüber zur Rede geſtellet werde. (will gehen) Ihr kommt doch bald in Rath?

Sudn. Noch eins! ſchicket die eingelaufenen Gelder zu mir.

Weſt. Ihr vergeßt, daß der Herzog von Buckinthal die Financesgeſchäften —

Sudn. Zu mir.

Weſt. Ich werde den Willen des Königs genau vollziehen. (ab.)

Zehn-

Zehnter Auftritt.

Doktor Butt, Sudney.

Butt. (eilend) Komme eben vom König, hab'
euch sehr wichtige Dinge zu sagen. (sieht sich um)
Laßt die Wache abtreten! — (die Garde verläßt den
Vorsaal auf einen Wink des Grafen von Sudney)
Der König ist noch fest entschlossen, das Anerbieten
des Gesandten zu verwerfen: er glaubt, daß die
Stände seiner Regierung überdrüßig, nur auf den
günstigen Augenblick warten, sich selbst, einer vor
den andern als König zu ernennen: er will ihnen
diesen Augenblick noch nicht gönnen; es mögen also
die Stimmen des Reichs ausfallen, wie sie wollen,
so sey er nicht gesinnt, seinen Tod durch eine Vermählung zu beschleunigen.

Sudn. Begreift er das?

Butt. Und fühlt's gewiß: keine Spannader ist
hochzeitlich an seinem ganzen Körper; über alles
überdrüßig und kleinmüthig sind ihm die kürzesten
Geschäfte lästig, eckelhaft, und die längeren unaus-
stehlich: sein sonst so großer, erhabner Geist hat
nur Knabenwitz mehr: ist der Körper krank, so ist
gewiß der größte Geist unthätig, — und wer wußt'
es dahin zu bringen? — Wem habt ihr eure grän-
zenlose Macht, eure unbeschränkte despotische Gewalt zu verdanken? —

Sudn. Euch Butt! meinem rechten Arm —
meiner einzigen Stütze — euch.

Butt.

Butt. Vielmehr meiner Kunst; das ganze Nervensystem des Königs ist mir bekannt; ich weiß jedes Fläschchen so einzurichten, daß ich die Grade der Wirkung auf seinen Körper beständig vorsehe: alle gichterische Bewegungen seiner Fiebern und Nerven, ja die Stunden, wenn der Trank von einem Gliede, — von einer Ader in die andere übergehen soll, sind gezählet; wenn die Majestät auf meinen Schultern ruhet, sehe ich öfters, wie meine Quintessenz die Haut ausdehnt, und von kleinen Gefäßen in größere schleicht: sein Gefühl, seine Leidenschaften, alles ist in unserer Macht. Kurz, wir nehmen, und geben ihm nur so viel — als wir eben nöthig finden.

Sudn. O! dieses ist der wahre Zustand, in dem ich ihn zu sehen wünschte. Fahrt fort, mein lieber Butt! erhaltet ihn noch immer bey solchen Umständen: gehet auch nicht zu weit — wir haben fürchterliche Feinde! —

Butt. Behüte der Himmel! da geh ich sicher; habe ja mehrere Kranke, worunter sich's an einigen stümmeln läßt; und euch zu lieb könnt' ich mich selbst versuchen. — Fürchtet nichts! mein Kopf ist mir so lieb, als der eurige — ich hoffe, ihr werdet meinen Fleiß erkennen, und mich der Gefahr, worinn ich mich befinde — doch einer geringen Schadloshaltung —

Sudn. Ich verstehe dich — es ist mehr, als billig, daß ich dich belohne. (giebt ihm einen schweren Geldbeutel) Da! verhalte dich immer so, mein, und dein Glück hangen davon ab; setz' ich meinen Plan

durch.

durch, so sollst du nach Sudney der erste dieses Reichs seyn. Nun weiter — stille — ich höre gehen — (Butt siehet nach.)

Butt. Der König, und sein Gefolg.

Sudn. Kommt also diesen Abend noch zu mir, hab' euch große Entwürfe zu eröffnen.

Elfter Auftritt.

Mehrere Hofleute als stumme Personen gehen voraus, die Garde stellt sich an, der König auf den Hauptmann von der Garde Lord Bremvill gestützet, gehet langsam, und matt; spricht mit gebrochener Stimme. Die Uebrige.

König. Dank euch Bremvil! — guten Morgen mein lieber Sudney! wie ist euch?

Sudn. Euer Majestät kommen mir zuvor: ich wünschte, daß es Euer Majestät so gienge, wie mir.

König. Ist alles zur Versammlung verordnet?

Sudn. Man wartet nur auf Eure Majestät.

König. Gott! könnte man auch auf meinen Verstand zählen! was werd ich Heute gegen sonsten für eine Rolle spielen? Niemand trug da was vor, als ich! — obwohl mein Gedächtniß sehr schwach, so denk ich sie noch — meine Beredsamkeit! ach, Dokter! eure Kunst ist schrecklich! — ihr könnt nicht heilen, — wißt so wenig Mittel zur Genesung zu bringen — sie erlaubt euch zu pfuschen. — O setzt mich lieber ganz in Freyheit! meinen Körper

ver=

verſprech ich euch gerne zur Zergliederungskunſt; ich bitte euch, endet meinen Kummer.

Butt. Wo denkt ihr hin? mein König!

König. Da ſeht her, wie ich ausſehe! — dieſe Hände — dieſe Röhren, die ſich biegen, wenn ich auftrette — und mein Kopf? Menſch, König! was biſt du ohne dieſen? was Geſtern geſchahe, weiß ich Heute nicht mehr zu erzählen! ach mein Volk! mein theures Volk! auch du biſt zu bedauren! —

Sudn. Hinweg mit dieſen traurigen Betrachtungen! eure Unterthanen ſchätzen ſich glücklich, ſo lang ſie euch bey Leben wiſſen.

König. Ich wünſche es, und muß es zu meiner Beruhigung glauben. — Geſtern unterſchrieb ich ja mehrere Sachen; wo ſind ſie?

Sudn. Ich übergab ſie alle, bis auf dieſe dem Kanzler Lord Brandon.

König. Laſt ſehen; — die Verbannung des Herzogs von Buckinthal? — es thut mir leid! der Mann iſt voller Einſicht, ungemein beredt; ſeine Erziehung iſt ſo vollkommen, daß er unterrichten, und belehren könnte.

Sudn. Wenn aber dieſe ſo edle Gaben der Natur keine gute Richtung nehmen. — Wenn das Gemüth einmal verdorben iſt, ſo nehmen ſie eine ſchierhafte Geſtalt an, und werden zehnmal häßlicher, als ſie jemals ſchön waren.

König. Dieſer ſo vollkommene Mann, der unter die Wunder gezählet wurde, den wir mit Entzücken anhörten, und deſſen ſtundenlange Reden uns

im=

immer zu kurz ſchienen, dieſer Mann — wird vielen nahe gehen.

Sudn. Dieſer Mann hat die Annehmlichkeiten,
die er ehedem beſaß, in abſcheuliche Sitten verwandelt, und iſt dadurch ſo ſchwarz geworden, als
wäre er in der Hölle bemalt.

König. Faſt könnte ich dieſen ſchwarzen Thaten keinen Glauben beymeſſen, wenn nicht die Menge dieſer Zeugen meine Zweifel überwögen.

Sudn. Sie ſagen alle einhellig aus, daß er
gewohnt wäre, zu ſagen, — daß er, wenn der
König ſterben ſollte, dann dieß geſchähe gewiß,
wenn er ſich vermählte, — es ſchon ſo einrichten
wollte, daß er den Zepter erhielt. Laßt uns um
die Liebe Buckinthals bemühen; ſagen ſeine Anhänger! der Herzog wird Engelland beherrſchen. —
Auch einige Stände ſollen ſchon —

Butt. (der bisher die Züge des Königs genau betrachtet) Was kümmern ſich Se. Majeſtät um die
Stände!

Sudn. Viele haben Buckinthals Denkungsart.

König. Sie ſollen ſich betrügen, — aber Verbannung, Verbannung iſt hart.

Sudn. Eure Majeſtät geruhen den verderbli-
chen Anſchlag in dieſem Verſtande zu bemerken: die
Klugheit erfodert nothwendig dieſen Schritt; er iſt
gegen eure hohe Perſon äußerſt übel geſinnt, und
ſeine Bosheit erſtreckt ſich noch weiter — ſelbſt auf
eure Freunde. — Darf ich auf das gnädige Für-
wort zählen, im Falle, daß Läſterzungen —

König. Da habt ihr nichts zu fürchten, mein lieber Graf! ich erkenne die Dienſte, ſo ihr mir erwieſen, ſo lang ich in dieſer elenden Laune welke: — werd euch gegen jedermann vertheidigen, fahrt fort mir immer ſo treu zu dienen. — Himmel! mein Kopf! — wie das reißt! (zu Butt) was betrachtet ihr mich ſo genau?

Butt. Daß — daß — ich bemerke, daß Eure Majeſtät durch vorige Betrachtungen und dieſe Unterredung das Geblüt in keine kleine Wallung gebracht. —

König. Ich fühl es! alles kocht in= und auſſer mir; Angſtſchweiß liegt auf meiner Stirne; wie wird es erſt binnen einer Stunde ſeyn! meine Bruſt wird es kaum aushalten.

Sudn. Ich will euch alle Mühe erſparen, mein theuerſter König! und die Anrede in euerm Namen vorbringen.

König. Thut das, mein lieber werther Graf! komm Butt, du muſt mich führen.

Sudn. Eure Majeſtät erlauben, daß ich voran gehe, um gehörige Ordnung zu erhalten. (geht ab.)

Butt. Noch will ich euer Führer ſeyn; aber beyleib enthaltet euch von dergleichen Reden, als: von in Freyheit ſetzen — keine Mittel zur Geneſung; und dergleichen. Schlagt ſie ja aus dieſe Gedanken, ſie ſind euch und mir höchſt ſchädlich.

König. Fandſt du dich getroffen? hab ich dich beleidigt? guter Mann! verzeih es dieſem ſchwindlichten Kopfe! ach! wie mich alles klemmt, vom Kopfe bis zu den Füßen. Geht! ſchleppt mich hin.

hin. (lehnt sich auf Butt) Betrachte dieß Buckinthal, und triumphire!

(gehen in der Ordnung ab, wie sie kamen.)

Ende des ersten Aufzugs.

Zweiter Aufzug.

Der Saal des Staatsraths,

Erster Auftritt.

An der Thüre stehen zween Gerichtsdiener mit kurzen silbernen Stecken, Herzog von Portey, Graf von Andley, Lord Chester, und Lord Dorvell stehen im Saale; folget gleich Graf Sudney.

Portey.

Da kömmt Sudney, und ohne den König.

Sudn. Im Namen meines Königs soll ich euch willkommen heißen!

Lord Chest. Wir danken euch.

Sudn. Se. Majestät gaben mir den Auftrag: euch als seine getreueste Unterthanen, und würdigste Stände dieses Reichs zu ersuchen, seinem Vorhaben in Betreff der Vermählung mit der Prinzeßinn von Spanien nicht hinderlich zu seyn. Ihr könnt, wer=

theste

theſte Freunde! meinen König auf keine beſſere Art
verbinden, als wenn ihr ihn dießmal mit eurer Mei=
nung unterſtützet; er weiß, daß es Männern von
ſolcher Art nicht fehlen kann, das Uebergewicht auf
jene Seite zu lenken, wo ſie ſich hinwerfen.

Cheſt. Ich werde nie anſtehen, den König und
ſeinen Willen zu vertheidigen, es wäre dann ſeinem
Reiche höchſt nachtheilig; doch, ehe ich mich erkläre,
muß ich wiſſen, wie Se. Majeſtät dießfalls geſin=
net ſind.

Sudn. Das ſollt ihr durch meinen öffentlichen
Antrag vernehmen; übrigens hab' ich Befehle, ei=
nem jeden von euch 10000 Pfund, nach geendeter
Verſammlung, gleich aus der Kaſſa zu bezahlen —
der König verſichert euch ſeiner Gnade; überlegt es
wohl!

Dorv. Die Sache bedarf keiner weiteren Ueber=
legung: ihr wißt ja, daß ich immer mit euch ver=
ſtanden bin.

Cheſt. Verlaßt euch auf mich, Milord!

Andl. Wer kann euch anhören, und eurer Be=
redſamkeit widerſtehen?

Port. Ich würde mich deſſen nicht unterfangen.

Sudn. (zu allen vieren) Glückliches Land, das
ſolche Stände beſitzt! — Der König.

Zwey=

Zweyter Auftritt.

Unter Trompeten und Pauken. Der Ausrufer, zwey Gerichtsdiener mit Schwertern. Zwey Sekretärs in Doktorkleidung setzen sich an einen Tisch. Mehrere Stände des Reichs, nach ihnen der Präsident Graf Westen. Lord Kanzler Brandon setzt sich Links zu letzt am Throne, hernach Lord Marschall, und ein Gerichtsdiener, der einen Staab trägt: nach ihm der Herzog von Buckinthal, der Hauptmann von der Garde Lord Bremvill, ferners zwey Cavalier mit bloßen Schwertern, die sich Links und Rechts am Throne stellen. Der König auf seinen Leibarzt gestützt, nimmt seinen Platz unter dem Thronhimmel. Bütt bleibt neben seiner stehen. Graf von Sudney setzt sich unter ihm. Die Stände setzen sich an jeder Seite des Saals; unter ihnen die Sekretärs. Die Herzogen sitzen zunächst des Thrones auf einer Seite, die Lords auf der andern.

Kanzl. Brand. Sekretär! warum sind wir hier im Staatsrathe versammelt?

1. Sekret. Um eine Sache, die die Person Sr. Majestät sowohl, als das Glück des ganzen Reichs betrifft, unpartheyisch, und ohne Rücksicht auf Privatnutzen getreulich zu behandeln.

Sudn. (giebt dem König ein Zeichen, und sagt ihm leise) Das wird hier schwerlich Platz finden, wenn nicht —

König. (leise) Ich verstehe euch) (laut) Sekretär! besorgt euern Auftrag.

1. Sekret. Ausrufer! saget Ludwig Herzog von Buckinthal komme vor Gericht.

Ausr.

Ausr. Ludwig Herzog von Buckinthal, Graf von Normind und Lovell komme vor Gericht!

Buckinr. (Verläßt ſeinen Platz, gehet die Verſammlung vorbey, und bleibt etliche Schritte vom Throne ſtehen) Hier.

Brand. Herzog! ihr werdet über Dinge angeklaget —

Buckinr. Worüber ich euch keine Verantwortung ſchuldig bin.

König. Herzog! durch übertriebenen Stolz macht ihr euer Vergehen nicht beſſer — warum geht ihr von euerm Platze?

Buckinr. Meinen Feinden beſſer in die Augen zu ſehen, damit ſie merken, daß nur Verachtung auf dieſer Stirne ſtehet: und dem Könige meinem einzigen Freunde zu zeigen — —

Brand. Entweiht eure Zunge nicht durch eine ſolche Lüge!

Buckinr. Ihr unterfangt euch, mich lügen zu heiſſen? (macht zween Schritte gegen den Lord Brandon, bleibt aber wiederum ſtehen) Bey Gott! euer Glück, daß es hier geſchah; anderswo hätt es Lord Kanzler nicht gewagt.

Brand. Ich nicht, Herzog! dieſes Papier heißt euch lügen.

Buckinr. So auf Teufels Amboß geſchmiedet.

Brand. Alle dieſe Zeugen, ſo über 20, erklären euch hiemit als Lügner.

Buckinr. Sagt, daß ihr damit umgehet, mich zu betrügen. — Wo ſind ſie, die Zeugen? weist mir einen einzigen, der Muth genug hat, mich der

ge=

geringsten Verrätherey anzuklagen. Ist das nur eine Falle, so man mir legt, um Geständnihe abzutändeln, womit ich mir selbst Fehler oder Verbrechen zur Last legen könnte, so ist es ein Bubenstück; und diesen Buben wird Buckinthal züchtigen.

Brand. Zweifelt ihr Herzog? sehet her, und lernt sie kennen.

Buckint. (Reißt dem Kanzler die Schrift aus der Hand und ließt) Was sehe ich? zehen meiner eignen Leute unterschrieben diese Aussage! (wirft sie ihm hin) Verrätherey! die niederträchtigste Verschwörung!

Brand. Sie geben euch erstens alle einstimmig als den gefährlichsten Feind Sr. Majestät und seiner Freunde an: zweytens beschuldigen sie euch, als hättet ihr ihnen öfters gesagt, daß ihr früh, oder spät die Krone erhalten müßt; und wenn Heinrich an seiner serbenden Krankheit sterben sollte, so würden Graf Sudney, der Leibarzt, Lord Brandon, und noch einige Stände ihre Köpfe verlieren.

Buckint. Gräßliche Erfindungen!

Brand. Diese Zeugen warfen euch die Frechheit einer solchen Rede vor, erinnerten euch der Gefahr, die ihr laufen könnt; aber ihr erwiedert — das sind eure Worte: „Würde ich dieser Sache wegen „in den Tower geschicket, so hab ich vorgenommen, „mir bey Sr. Majestät Gehör auszubitten, und „wenn ich das erhielte, ihm unter dem Schein einer Höflichkeitsbezeigung das Messer ins Herz zu „stossen.

Buckint.

Buckint. Welch eine Kette von Ränken! Fluch! der ſchrecklichſte Fluch auf alle, die es behaupten wollen. — Man will, daß ich durch Liſt und Bosheit umkommen ſoll? es wird nichts helfen, wenn ich mich auch auf meine Unſchuld berufe, denn man ſchildert mich mit einer Farbe, die das weiſeſte an mir ſchwarz macht. — Aber ich will ihn aufſuchen, dieſen Maler, den Erdichter ſolcher Verläumdungen; und ſollt ich die ganze Hölle durchwandeln, ihn zu finden, und ganzen Legionen Teufeln zu entreißen. — Entdecke ich die ganze Schwärze dieſer häßlichen Erdichtungen, ſo fühle er die Macht einer gekränkten Ehre; Buckinthal wird ihn hieher ziehen, und müßt er ſich ſelbſt an ſeine Haare ſpannen: dann wiederruf er der Böſewicht, oder ich reiße ihm ſeine Schlangenzunge aus, und werfe ſie zu jenen Füſſen, wo ſie immer zu lecken pflegt. — Heinrich! ich möchte weinen, da ich bedenke, daß ihr Tugend und Rechtſchaffenheit ſonſt euers Schutzes werth hieltet! ſollt ich ſo lange geträumt haben? (für ſich) — keine Antwort? (laut) Ha! da ich wenigſtens noch Buckinthal bin, ſo will ich meine Zähertropfen in Feuerfunken verwandeln.

Sudn. (ſo bisher mit heuchleriſcher Miene da ſaß) Habt noch Gedult!

Buckint. Nun verſteh ich das ganze, die Natter brütet, da ſie zu ſchlafen ſcheint! — Wie ſcheinheilig er bey all ſeinen Anſtalten zu Werke geht! Sir! ich glaube aus dringenden Urſachen, daß Graf Sudney mein Feind, daß er es ſey, der dieſe Feuerkohle zwiſchen mir, und Sr. Majeſtät angeblaſen.

Ich

Ich wiederhole, daß ich ihn für meinen boshaftesten Feind, für den Erfinder meiner Verbrechen, und überhaupt für gar keinen Freund der Wahrheit halte.

Sudn. Herzog! ihr thut mir unrecht: ich hege keinen Groll gegen euch, noch gegen sonst jemanden, was ich in eurer Sache bisher gethan habe, und künftig noch thun werde, geschieht alles nach der Vorschrift Sr. Majestät; ihr beschuldiget mich, ich hätte die Feuerkohlen angeblasen; das läugne ich! der König ist hier zugegen.

König. Nie hat euch Sudney bey mir zu verkleinern gesucht, nur dieser Entdeckung, eurer Unvorsichtigkeit, und jener Aussage habt ihr alles zuzuschreiben.

Sudn. Weis mein König, daß ich anders rede, als ich gehandelt habe, wie sehr, und mit welchem Rechte kann er mich für meine Falschheit bestrafen, eben so hart, als ihr meine Wahrheitsliebe bestraft; eure Vorwürfe treffen mich nicht: für die Beleidigung werden mir Sr. M. Genugthuung verschaffen.

Buckint. Graf! Graf! ihr habt zu mächtige Stützen, ich sehe, daß ich viel zu schwach bin, eurer Verschlagenheit Widerstand zu thun; aber den Grund müßt ich erforschen, oder — Meine eigne Dienerschaft! — ihr thut sanftmüthig, und sprecht hier sehr demüthig, lauter äußerliches: euer Herz ist durch und durch mit Stolz, Feindseligkeit und Uebermuth erfüllt; ihr habt durch die Gunst Sr. Majestät schnelle und leichte Schritte über die niedern

C   Th-

Ehrenstufen hinweggethan; nun seyd ihr so hoch ge=
stiegen, daß ihr die Gewalt in euerm Gefolge, und
Lords zu euern Dienstbothen habt, die euerm Willen
gehorchen, nachdem es euch beliebt, ihnen vorzu=
schreiben — ein wahrer Erbe des Glückes! thut
alles, was euch gelüstet. — Der König wird euch
einmal kennen lernen, der Himmel wird einst des
Königs Augen öffnen, die in Ansehung euer bösen,
verwegnen Unternehmungen so lang geschlossen schei=
nen.

Sudn. Euer Majestät hören, und belieben nicht
seiner Zunge —

König. Haltet ein, den Grafen ferner zu
schimpfen! wisset, daß er der getreueste, aufrichtig=
ste Diener ist, den ich je hatte, der sowohl um mich,
als das Wohl meiner Unterthanen bekümmert, der
einzige ist, der mir meine Regierungsgeschäfte so leicht
macht.

Buckint. Wahrlich, nur zu leicht!

König. Wißt — (zu dem Doktor mit unterbro=
chenen Worten) Himmel! der Athem bleibt mir
aus. — Wisset Herzog! daß der, der auf Sudney
schimpft, auch mich beleidigt.

Buckint. Ihr Stände dieses Reichs! ich wei=
gere mich den Grafen als einen meiner Richter zu er=
kennen, und appellire hier vor euch an den König
um meine Sache Sr. Majestät allein vorzulegen:
von ihm werd' ich mein Urtheil erwarten.

Brand. Se. Majestät haben schon entschieden,
vernehmt sein Urtheil.

Buckint.

Buckint. Entschieden, ohne mich zu hören? Bin ich nicht ein Britte? Frey, wie ihr alle?

Brand. Ihr seyd überwiesen: Hört also!—

Buckint. (gehet hin zu Lord Brandon, nimmt ihm die Schrift aus der Hand, und giebt sie dem Grafen Sudney) Ihr könnt nicht recht lesen Lord Kanzler!— Hier Graf! ihr als Verfasser könnt es weit besser.

Sudn. Der König gab es so an.

Buckint. Lest!

Sudn. Wozu? ich will euch den Innhalt sagen.

Buckint. Daran zweifle ich nicht, so laßt hören, wie es euch ansiehet.

Sudn. Ihr seyd verbannt, aller Stellen entlassen, bey Lebensstrafe habt ihr innerhalb dreymal 24 Stunden London zu verlassen, und auch bey der nämlichen Strafe den königlichen Palast nicht wieder zu betretten: die Kassa wird euch heute noch abgefodert, ihr müßt eure Rechnung ablegen, und Lord Kanzler wird sie durchgehen.

Buckint. Meine Güter?

Sudn. Die könnt ihr verwalten lassen, von wem ihr wollt.

Buckint. Welch ein Glück, daß diese eurer Haabsucht entkamen! welch einem Zufalle hab' ich das zu verdanken?

Sudn. Dem Könige.

Buckint. (kniet vor dem König) Dank euch, daß ihr doch diese den raubgierigen Thieren entrissen. Eurer Güte hatte ich alle die Aemter, so ich bisher begleitete, zu verdanken; nun lege ich sie alle wie-

der zu jenem Thron, wo ich ſelbe erhielt; beſſer, ihr
hättet mich ſie nie kennen gelernt! ſteht auf, ich erfah=
re mit vielen andern, daß dieß das Schickſal hoher
Ehrenſtellen, und der rauhe Pfad iſt, den die Tu=
gend meiſtens betritt. Bin ich von unwiſſenden Zun=
gen durchgezogen worden, die weder meine Perſon,
noch meine Fähigkeiten kannten, und doch die Kro=
nik meiner Unternehmungen ſeyn wollten, ſo war es
aus Neid irgend ein Fuchs, oder Wolf, oder bey=
des (blickt auf Sudney) denn er iſt eben ſo raubgierig
als ſchlau, eben ſo geneigt zum Böſen, als fähig,
es auszuüben; ſein Rang und ſein Gemüth ſtecken
einander wechſelweiſe an: oder, weil ich nicht in
eure und eures Reichs gänzliche Zerſtörung willigte. —

Sudn. Euer Majeſtät ſcheinen Schmerzen zu
haben?

König. Wo hole ich Athem? — Wie michs
quält!

Butt. (greift die Puls) Euer Majeſtät ſprechen,
und hören zu viel.

Buckint. (Nachdem er den König betrachtet.)
Erbarmungswürdige Majeſtät!

König. (zum Doktor) Ihr habt recht! denn
Buckinthals Worte donnern — mein Kopf zerplatzt!

Brand. Herzog! ihr ſeyd ſehr beſchwerlich: eu=
er Urtheil habt ihr vernommen.

Buckint. Ich verlaſſe euch, ihr Lords! und
ſchwöre bey dieſer Verſammlung nicht eher wieder zu
erſcheinen, als bis ich die Schlange zertretten, die
mich geſtochen hat. (geht mit einem verächtlichen Blicke
auf Sudney ab.)

Drit=

Dritter Auftritt.

Die Vorigen ohne Buckinthal.

Brand. Welch ein Uebermuth!

Sudn. Er. Majeſtät hörten, wie trotzend ſeine Reden?

König. Ohne Beyſpiel, aber immer ſehr einnehmend! — wie gebieteriſch er ausſahe! Vor 20000 Seelen ſo geſprochen, wie hier, und es wäre nicht eine darunter, die ihn für das hielte, was er eigentlich iſt.

Sudn. Ein Betrüger!

Weſt. Das werdet ihr ihm nicht behaupten dürfen.

König. Der Mann, Lord Weſten! hatte nichts gutes im Sinne. — Ich wollte euch noch — wenn mein Kopf, meine Bruſt; — noch weit ſchrecklichere Dinge —

Vierter Auftritt.

Ein Rathsdiener, die Vorigen.

Rathsd. Der ſpaniſche Geſandte iſt im Vorſaale.

König. Nun iſt die Reihe an Heinrich! (ſeufzt) Ihr Lords!

Butt. Nun bitt ich um die Gnade, daß Euer Majeſtät mehr ſchweigen, als reden, ihr ſpracht vorhin ſchon zuviel. Bedenkt doch, daß eure Geſund-

ſundheit durch dergleichen Vorträge am meiſten ge-
ſchwächt wird! — Alles, alles lieber, mein König!
nur enthaltet euch vom vielen Reden : denn euer
ganzer Körper —

König. War nie zerſchlagner, als eben heute;
von Stunde zu Stunde ſchlimmer — alle Minuten
heftiger — tödtlicher — eben jetzt —

Sudn. (für ſich) Eben recht, (laut) ich will
Eure Majeſtät aller Mühe überheben, und immer
dero Ausleger ſeyn. Ich ſchmeichle mir, die Gedanken meines geliebten Königs immer ſo zu errathen, daß ich alles nach Wunſch behandeln werde;
ich hoffe, daß ihr an einen treuen, befliſſenen —

König. O! macht es kurz! ich kann es hier
unmöglich mehr aushalten.

Sudn. Wißt alſo ihr Lords! daß der König
von Spanien den Grafen Don Fernando mit der
Vollmacht zu Heinrich abſandte, ihm ſeine ältere
Tochter zur Ehe anzutragen ; die Liebe, ſo unſer
beſter König für ſeine Unterthanen hegt, bewog ihn,
in dieſer Sache keinen Schritt zu thun, ohne hier-
über die Stände ſeines Reichs vernommen zu haben;
durch euere Meinungen ſucht Heinrich eine Stütze
für die ſeinige. Mein König wäre zwar vermög
ſeinen anhaltenden Unpäßlichkeiten befugt, ſein Leben
auf keine ſolche gefährliche Waagſchale zu legen;
allein Heinrich giebt ſich der Gefahr preis, und will
es doch euerem Ausſpruche überlaſſen. — Sollte er
wohl ein Opfer ſeiner Großmuth werden? Betrachtet ihn ihr Lords! (ſieht den König an, und ſeufzt
kläglich) Macht Bürger, Unterthanen zu Waiſen,

und

und setzt ihnen einen Tyrannen für diesen Vater hin.
(für sich) — Eine Thräne, ha! auch die muß man
locken können. (laut) Rathdiener! laß den Gesand=
ten ein.

(Rathdiener ab.)

Fünfter Auftritt.

Die Vorigen ohne Rathdiener.

König. (wischt sich am Kopfe, und thut, als
wollte er knien, der Doktor faßt ihn bey einen Arm)
Laßt mich! ich muß knien, noch lange knien, bis
Blut aus diesem Marmor düftet — ich hab' eine
Bitte vorzutragen (streckt seine Hände gegen Sudney
aus) ich war ja König! — du hattest die Hälfte
unserer Gewalt; — nun alles geraubt — alles —
O! gieb mir nur eine Hälfte wieder!

Butt. Euer Majestät! — was habt ihr, was
fehlt euch?

König. Laßt mich nicht so lange knien, es ist
wider die Gewohnheit.

(die Gegenwärtigen zeigen ihre Verwunderung.)

West. Himmel! was ist das?

(Sudney geht von seinem Platze zum König.)

Butt. Mein König! kommt zu euch — er er=
holt sich wieder.

König. Wo bin ich? Wo war ich? — Ist's
Traum! ich bin im Staatsrathe? (sieht Sudney an)
— noch König? Wie schwärmerisch! kaum kann

C 4   ich)

ich diesen Kopf tragen — so heiß — ich war ganz außer mir: Gott! nur keinen Wahnwitz!

Sudn. Euer Majestät sprachen vom Bitten, Knien. —

König. Wie groß, und wie klein man oft in einer Betäubung scheint! ich sah' mich vor euch knien, Graf, und bath um verschiedene Gnaden. — Nun ist's etwas leichter.

Sudn. (leise zum Doktor) Butt! das war zu heftig.

Butt. (leise) Diesen Effekt sah' ich vor; binnen einer Stunde ist alles vorüber.

(Sudney setzt sich wieder.)

Sechster Auftritt.

Der Gesandte, Don Fernando, Vorige.

(Der Gesandte stellt sich vor dem Throne, und macht eine tiefe Verbeugung. Alle Rathsglieder stehen auf.)

Fern. Euer Majestät geruheten mich in Staatsrath zu bestellen, so sehr es wider die Gewohnheit, so gehorch ich doch, und wünsche endlich von euch eine Antwort zu erhalten, wodurch ich das Glück euers Reiches, und die Vortheile beyder großen Höfe auf immer festgesetzt sehe.

König. Bestellt! — ich? —

Fern. Das war euer Wille, da ich gestern um einen Entschluß bath.

Kö=

König. Ja — ja doch, ich erinnere mich. — Aber daraus wird nichts! — ihr glaubt durch ein solches Bündniß mächtige Stützen wider eure Feinde zu kaufen? Feiner Kunstgriff! meine Macht schwächen, um der eurigen aufzuhelfen! — Hat die Braut eine Faulung zu befürchten, daß sie sich selbst anträgt?

Fern. Was höre ich!

König. Geht! sagt eurem Könige, daß Heinrich eine Brittinn — morgen — morgen ist Hochzeit.

Fern. Gott! was soll das bedeuten?

Butt. Ein Anstoß von einem kleinen Kopffieber.

Sudn. Die Menge der heutigen Geschäfte —

(Man merkt Gährung unter der Versammlung)

Butt. (zieht ein Fläschchen aus der Tasche) Mein König! Hier ist was zu riechen.

König. Ich rieche Verrätherey — Buckinthal! bist du unschuldig?

Butt. (giebt dem König zu riechen.) Dieses soll Wunder wirken, ihr Lords!

West. Stille meine Herren! — Graf Sudney! es ist unmenschlich, daß wir den König hier unter uns ohne Beystand und Hilfeleistung länger sitzen lassen: schließt die Versammlung! das übrige läßt sich verschieben.

Die Lords. Wir wollen schliessen.

Sudn. Geduld, meine Herrn! der König fühlt Besserung. (für sich) Noch jetzt muß die Sache entschieden werden, diese Anfälle von Wahnwitz sind mir eben am günstigsten. (laut mit Verstellung) Bleiben

ben Euer Majestät noch auf dem Entschluße, den Ausgang zu erwarten? es ist nicht rathsam. — Ich bitte, mein König! gönnet euern matten Gliedern etwas Ruhe, die Stimmen können auch in eurer Abwesenheit gesammlet werden.

König. Das will ich nicht. — Ich kenne das Volk; es könnte euch einer Verschwörung oder einer andern Verrätherey beschuldigen.

West. (für sich) Als wenn dieses nicht schon abgekartet wäre.

König. Meinen rechtschaffenen Sudney will ich keiner solchen Gefahr ausgesetzt wissen: bin ich es euch nicht schuldig Graf?

Sudn. (macht eine Verbeugung) Euer Majestät beschämen mich zu sehr. Ueberaus große Güte! — Vernehmt Don Fernando! daß der König euch hieher wies, damit ihr die Meinungen des Reichs selbst hören könnt; auf diese Art muß Heinrich allem geheimen Groll, oder Feindschaft von Seiten eures Hofes entkommen. (zu Fernando in einem kläglichen Ton) Sieht diese Majestät wohl hochzeitlich aus? — Meine Meinung könnt ihr leicht errathen, merkt euch nun die übrigen. Sekretär! schreibt sie auf. (für sich) Nun die Wirkung meiner Anrede.

Brand. So sehr ich ein Bündniß zwischen zween so mächtigen Höfen wünschte, so finde ich, daß es bey solchen Umständen eine Unmöglichkeit wäre daran zu gedenken, ohne sein Gewissen mit dem schändlichsten Mord zu beladen.

Sudn. (für sich) Der hat sich's gemerkt.

Brand.

Brand. Ich würde es nie wagen, meine Hände in solchem Blute zu waschen.

Pott. Behüte mich der Himmel, meine Seele sowohl durch eine Buckinthalische That, oder Rath, als durch dergleichen Anschläge zu beflecken. Der König bleibe unverehlicht.

Sudn. (für sich) Hat auch meine Meinung nicht vergessen.

Chest. Es lebe, lange lebe Heinrich! nur der Schatten eines Weibes müßte ihn tödten; er lebe, es betrift sein Volk.

West. (steht auf, verläßt seinen Platz.)

Brand. (zu Westen) Was wollt ihr Milord?

West. Einen Ort verlassen, wo ich nichts, als List, Bosheit, ja die abscheulichsten Niederträchtigkeiten, wo nicht gar eine fürchterliche Verrätherey erblicke. Man verstoßt die Löwen unsers Staats, um Wölfe zu mästen; man glaubt Blutigeln auszurotten, und nähret doch Schlangen in seinem Busen. Diese erstickt, dann geheurathet. Kann man weniger für sein Volk thun?

Brand. Erklärt euch deutlicher Milord!

West. Muthet mir keine solche Albernheit zu! ich kenne das alte Sprichwort: Daß Wahrheit bey Großen selten Gehör findet.

(geht zornig ab.)

Sie=

Siebenter Auftritt.

Die Vorigen, ohne Graf Westen.

Sudn. Die wahre Leyer-Buckinthals.

Fern. (für sich) Nun ist alle Hoffnung dahin.

Andl. Diese Freudenthränen verrathen mein redliches Herz! Ich lese auf der Stirne der übrigen Glieder des Staatsrathes, daß keines unter ihnen ein so theures Opfer von unserem besten Könige verlange. Es ist glaublich einstimmig beschlossen, daß Fernandos Antrag verbeten werde. —

Sudn. Seyd ihr alle damit einig ihr Lords?

Die Meisten. Das sind wir.

Sudn. (für sich) Sudney! was vermagst du nicht?

König. (zu Fernando) Sagt euerm Könige unsern Entschluß; schildert ihm meine schwere Unpäßlichkeit.

Fern. Er kennt sie, mein König; ist über eure Krankheit sehr betrübt, und bittet euch, seine Tröstungen anzunehmen.

König. Diese Tröstungen, fürchte ich kommen zu spät. Sagt ihm, daß ihr die schrecklichsten Augenblicke meines Lebens mit angesehen.

Fern. Ja wohl, schrecklich! der Himmel schenke Euer Majestät bald die beste Gesundheit, und erhalte euch immer glücklich.

König. Wir danken euch.

Fern. (macht eine Verbeugung im Abgehen.) Traurige Nachricht!

Ach

Achter Auftritt.

Die Vorigen, ohne Don Fernando.

König. Immer glücklich, sagtest du? O ja — wenn ich bey den Würmern wohne, und mein armer Name aus dem Königreiche verbannet ist; — meine Augen werden dunkel, laßt uns enden!

(der König lehnt sich auf den Doktor, verläßt den Thronhimmel, die übrigen gehen alle in der Ordnung ab, wie sie gekommen.)

Neunter Auftritt.

Der König, Butt, zween Thürsteher, und die zwo Garden mit Schwert bleiben auf der Bühne.

Sudn. Wie befinden sich Euer Majestät?

König. Tödtlich krank! — Meine Beine neigen sich gleich beladenen Aesten zur Erde, voll Verlangen, ihrer Bürde entlediget zu seyn.

Sudn. Wie bewunderungswürdig ist dann die Geduld und Standhaftigkeit, so Euer Majestät in diesen nun vollendeten Geschäften bezeigten: ich begreife nicht mein König! wie ihr euch selbst so martern könnt, alle Bürden einer beschwerlichen Regierung auf euch liegen zu lassen, da ihr getreue Diener, die alles für einen so guten König ertragen würden, gewiß finden könnt? Sucht unter so vielen Einen, den ihr liebt: dieser wird die Last mit

Freu-

Freuden abnehmen. Gebt ihm eine unumſchränkte
Vollmacht, alles für euch zu thun.

König. Wer giebt mir eine **Nichts zu thun?**
Wie leicht möchte man mich ganz vergeſſen!

Sudn. Eure Handlungen haben Euer Majeſtät
genug verewigt.

König. Graf! Tugenden ſchreibt man auf
Waſſer, und böſe Handlungen werden auf Erz
verewigt.

Butt. Bey meiner Treue, bey meiner Kunſt,
bey Allem, was euch heilig iſt, beſchwöre ich Euer
Majeſtät den Antrag des Grafen nicht zu verwer=
fen; ihr habt geſehen, in was für einen ſchreckli=
chen Zuſtand euch dieſe Verſammlung verſetzte. Him=
mel! wie zittere ich der Zukunft wegen. Ihr wißt,
daß ich in meiner Kunſt ſehr erfahren: aber eine Er=
ſchütterung, die der vorigen gliche, will ich nie
wieder erleben — nichts tödtlichers für euch, für
euern ſchwachen Kopf, mein König! als Regie=
rungsgeſchäfte. Ihr habt Ruhe nöthig: entſchließt
euch, mein König!

König. Morgen Graf! morgen will ich mich
mit euch dieſer Sache wegen unterreden, — und
entſchließ ich mich, ſo hört meine Freunde! ver=
geßt's ja nicht, lieber Sudney! — wenn ich todt
bin, ſo laßt mich mit gebührender Ehre behandeln:
überſtreut ihr mich mit Blumen, denn ich zweifle
noch, Unterthanen zu haben, die es für mich thun
würden. Ach! ſie verkennen mich gewiß. — Du
lieber Doktor! balſamire mich ein, — bin ich gleich
nicht, was ich war, und was ich ſeyn ſollte, ſo

der

begrabt mich) doch wie einen König — ich kann
nicht mehr.

Sudn. Euer Majestät pressen mir Thränen
aus.

König. (zu Butt) Deinen Arm.

Sudn. Ich erwarte euch bey mir Butt!

(gehen alle ab.)

Ende des zweyten Aufzugs.

Dritter Aufzug.

In Sudneys Hause. Sudney an einem Schreibtische
worauf eine Menge Papiere liegen.

Erster Auftritt.

Sudney allein.

Die schwereſten Hinderniße meines Plans wären
nun gehoben; mein gefährlichſter Gegner entſetzt,
verbannt! — Noch macht mich sein Aufenthalt zittern; der Herzog iſt der Liebling des Volks. Seinetwegen wäre es zu allem fähig, zwar zu dergleichen Unternehmungen iſt zu wenig Zeit übrig. —
Und sollte Buckinthal sein Urtheil nur im geringſten
übertreten, so sind alle irdischen Mächte zu schwach,
um ihn bey Leben zu erhalten. — Wie leicht war es
mir, ein eheliches Band zu zernichten. Die Frau

bringt

bringt oft unter dem Schwarm vieler Diener, und
einer Menge fremder Geſichter Leute mit, die aus
politiſchen Urſachen ſowohl, als aus eigenen Nutzen
an der Umſchaffung eines ganzen Staats arbeiten;
ſie müſſen andere unterdrücken, um ſelbſt zu beträcht-
lichen Stellen zu gelangen. — Die geliebte Gattinn
hat oft an Veränderungen theil, die Männer meines
gleichen höchſt ſchädlich ſind, beſonders, wenn ſie ſelbſt
gerne herrſcht: dürft ich dieſes wohl zulaſſen?

Zweyter Auftritt.
Ein Sekretär des Grafen Sudney.

Sekret. Sir! der Leibarzt kann unmöglich kommen; der König beſtellte ihn für dieſen Abend.

Sudn. (für ſich) Sehr ungelegen — (laut)
Licht!

(Sekretär ab.)

Dritter Auftritt.
Sudney allein.

Sudn. (ſteht auf) Eben heut, eben heute!
eben da ich ihm die wichtigſten Aufträge zu machen
hätte. — So muß ich ihn ſchriftlich unterrichten:
Hm! ſchriftlich! — Nicht gerne, aber meine ganze
Größe beruhet zwiſchen heut und morgen: der König ſagte ja morgen!

Vier-

Vierter Auftritt.

Sudney und sein Sekretär.

Sekret. (stellt Licht auf den Tisch) Herzog von Portcy, von Chester, Graf von Audley, und Lord Dorvell!

Sudn. Führt sie in mein Schlafgemach, ich folge ihnen (da der Sekretär gehen will) wo ist Emilia?

Sekret. Eben gieng sie ihrem Zimmer zu, und schien äußerst betrübt.

Sudn. (für sich) Die Ursache errath ich. (laut) sagt ihr — doch nein!

(Sekretär ab.)

Fünfter Auftritt.

Sudney allein.

Sudn. Zwey Worte noch mit Butt, dann zu meiner Tochter; ich sehe mich genöthiget, ihr alle Unterredung mit Buckinthal auf das schärfeste zu verbieten; ihre Liebe zu ihm ließe sich zu allem überreden (setzt sich, und fängt an zu schreiben; nach einer Pause) die Wirkung sah' er selbst. — Wäre der König heute nicht so entkräftet gewesen, wie hätten wir ihn von der Unmöglichkeit seiner Vermählung überzeugen können; er fühlte sie diese Unmöglichkeit, und im höchsten Grade, und so erreichten wir leicht unser Vorhaben. (schreibt und liest) Ganz der Regierung unfähig er-

D   kannte

kannte er ſich noch nicht. (ſezt mit dem Schreiben ab)
doch morgen will er entſcheiden; — morgen — mor=
gen muß es ſchlimmer mit ihm gehen, als heute,
(ſchreibt, ſezt aber gleich ab) — eine doppelte Do=
ſe! das möchte zu ſtark ſeyn!— Und wenn auch?
könnt ich nicht die Gelegenheit nützen? eine Stufe
höher, und ich erſchwing mich bis zum König.—
Nein! das gieng nicht an; dazu hab ich zu wenig
Freunde, und eine Menge Gegner, die dieſe Gele=
genheit nützten, mich der ſchrecklichſten Unterſuchung
preis zu geben; zu was den eitlen Namen eines Re=
genten? Müßt ich mich dann nicht auch wieder durch
andere führen laſſen, und meiner Diener Sklave
werden? beſſer Diener, und mit ſolchen Sklaven
geprunkt (ſchreibt und list) „zur Sicherheit alſo,
nur eine halbe Doſe mehr“ (ſchließt das Billet) iſt
es zu viel? ſo kanns Butt mindern. (ſchellt, und
verſchließt ſeinen Schreibtiſch.)

Sechster Auftritt.

Sudney und der Sekretär.

Sudn. Ueberbringt dieß dem Leibarzt! trefft ihr
ihn zu Hauſe nicht, ſo tragt das Billet wieder zu=
rücke.

Sekret. Vergeßt die Lords nicht!—

Sudn. Auf Graf Sudney können ſie wohl
warten. (gehen beede auf verſchiedenen Seiten ab.)

Sie=

Siebenter Auftritt.

Der Herzog von Buckinthal, nach diesen ein Kammerdiener des Grafen von Sudney.

Kammerd. Milord! ihr werdet mich durch diesen Eintritt um meinen Dienst bringen! ich bitte!

Buckint. Um eurer Feder willen! verlaßt ihn, denn vom Lügengesindel wird sie hier stumpf.

Kammerd. Für wen haltet ihr mich Herzog? Ich bin nur ein Kammerdiener des Grafen, versehe schon zehn Jahre die Haushaltung auf einem seiner Güter; gestern ließ er mich rufen, um hier einen Stadtdienst anzutretten.

Buckint. Daß du alt bist, das sehe ich; an deiner Ehrlichkeit zweifle ich; hier — wird sie verzweifelt geprellt Alter! Bist du aber wider vermuthen noch nicht angesteckt, so lauf zurücke, verkriech dich in eine Hütte, damit du zwischen heut und morgen nicht zum Lügner werdest.

Kammerd. Ich habe ausdrücklichen Verbot, niemand herein zu lassen. Gott! wenn der —

Buckint. Einfältiger Tropf! hast du die Gebräuche schon vergessen, daß sich solche Befehle nur auf Kleine erstrecken? Grossen, und die, auf deren Stirne Guineen flimmern, öffnen sich die Thüren selbst.

Kammerd. Mein Auftrag leidet keine Ausnahme.

D 2 Bu-

Buckint. Geht! und ſagt dem Grafen, daß der verbannte Herzog bey ihm um Gnade bitten, und um 2000 Pfund ſelbſt ſein Ankläger ſeyn wolle.

Kammerd. Mit dem Beyſatze, daß ihr euch mit Gewalt eingedrungen.

Buckint. Kommt nur ehrlich, und unbeſtochen wieder herab. (**Kammerdiener** ab.)

Achter Auftritt.

Buckinthal allein.

Buckint. (auf ſeinen Degen deutend) Dank! dank! daß ich durch dich erfuhr, was ich in Güte nicht erforſchen konnte. Als ich einen durchbohren wollte, fielen mir die übrigen zu Füßen, und ge=ſtunden, wie ſchändlich ſie zu meiner Anklage ge=zwungen, und erkauft worden. Komm nur Böſe=wicht! und höre, wie ich dich martern will; erſt ſeine Seele gefoltert, dann zum König, um mich zu rechtfertigen, er ſoll mir meine Ehre wieder ge=ben, — oder Rache! — Rechtfertigen? bey wem? bin ich nicht verbannt? durch die nämliche Zeugen rechtfertigen? — Würde man nicht ſagen, daß ich ihnen doppelt Gold gab, um ſich zu widerſpre=chen? — Rache alſo! — Dolch? — nein Gift! — du irrſt Buckinthal! ſinne nicht auf Mittel, die dich nur entehrten. — O! (gegen den Himmel deu=tend) Habt ihr nur Donnerkeile für die Unſchuld? Ihr zermalmet armſelige Geſchöpfe in ihrer Hütte,

und

und wißt nicht Palläste zu stürzen, und den Schur=
ken darinn zu zerschmettern!

Neunter Auftritt.

Emilia, Buckinthal.

Emilia tritt bey einer Seitenthüre in das Zimmer;
da sie aber den Herzog erblickt, will sie wieder zu=
rückgehen.

Buckint. Emilia bleibt! (faßt sie bey der Hand)
Ich bitte euch, bleibt! — Hab' euch eine Menge
Dinge zu erzählen. (da sie sich loszumachen sucht) —
Was wollt ihr dann?

Emil. Fliehen, ich bitte euch, laßt mich! —

Buckint. Einen Verbannten fliehen, nicht
wahr?

Emil. Wenn mein Vater mich hier bey euch
anträfe, so wär ich seines Fluches gewiß —

Buckint. Der falle auf ihn zurücke.

Emil. Eben verboth er mir, nie wieder euch zu
sprechen. Lebt wohl! um eurer Liebe willen, laßt
mich!

Buckint. (läßt sie aus) Diese heißt euch nicht
bleiben. Sie entfloh', wie sie kam, sehr schnell!
wie thöricht war ich, nie einzusehen, daß auch die
Aeste eines so faulen Baumes nicht gesund seyn kön=
nen. — Hab' mich ganz geändert! ich will mich be=
fleißen, euch zu hassen: noch kann ich's nicht;
aber —

Emil.

Emil. Halt ein Grauſamer! wie hart ſind eure Ausdrücke. Hab ich dieſe Vorwürfe verdient? Wer anderer, als ihr, könnte mein Herz beſitzen? Opferte ich euch nicht meine Ruhe, und mit dieſer faſt ganz die Liebe meines Vaters auf? Undankbarer! in der That Milord! ihr ſeyd ſehr veränderlich,

Buckint. Wie ein Windzeiger; merke ich Sturm, ſo drehe ich den Rücken. Ihr ſeyd eine Mitverſchworne meines Falles!— Eine wahre Frazenliebe, die ſich durch Drohungen ſchrecken läßt.

Emil. Der Schwur eines Vaters!

Buckint. Der ſelbſt mit tauſend Flüchen beladen, der Böſewicht!—

Emil. Ihr redet mit ſeiner Tochter.

Buckint. Die vieleicht gar die Karte gemiſcht.

Emil. (für ſich.) Entſetzlich! (laut) Ich hörte eben, daß ihr eines Hochverraths beſchuldiget, und verbannt wurdet; dieſe tödtende Nachricht erhielt' ich von meiner Clotilde. O gewiß! mein Herz ſagt mir, daß ihr unſchuldig ſeyd!— hätte ich doch zuvor nur die geringſte Anſchläge gehört, nur vermuthet, was würde ich eurer Rettung willen nicht alles unternommen haben; nun aber—

Buckint. Wenn ihr alſo nichts wißt, oder eure Verſtellung ſo weit gehet, daß ihr gerne hört, was euch ſchon lange kein Geheimniß; ſo laßt euch ſagen, nehmt es aber mit Sudneys Segen ins Grab.— Nicht genug, daß dein Vater die abſcheulichſten Verbrechen erdichtete, um mich bey dem Könige darüber anzuklagen,— er erkaufte auch noch Zeugen.

Emil.

Emil. Himmel! Herzog! ihr —

Buckint. Er hat bübisch, verrätherisch an mir gehandelt.

Emil. Nein, nein: so weit konnte sich mein Vater nicht verfehlen. — Beweise!

Buckint. Die so klar sind, wie Quellen, wo man jedes Sandkorn siehet. — Meine Dienerschaft zu bestechen —

Emil. Gräußlich! tödtend! Buckinthal! rette dich, und meinen Vater! (für sich) ist beydes wohl möglich? (laut) Fürchterliche Blicke! was habt ihr vor? (Buckinthal will gehen) Wohin?

Buckint. Ich ließ Sudney rufen; er fürchtet aber sich in eine Unterredung mit mir einzulassen; ich eile nun meinem Leben, meiner Ehre entgegen.

Emil. Und Sudney? —

Buckin. Dort, wo er sie mir genommen, soll er öffentlich seine Schandthat bekennen, oder —

Emil. Nein, verschiebt das schreckliche Vorhaben! hier will ich euch beyde versöhnen. Ich werde seine Knie ehe nicht verlassen, als bis er durch meine Thränen erweicht, sein Verbrechen widerruft, euch Genugthuung verspricht — er muß, er soll euch alles ersetzen, oder Emilia hört auf seine Tochter zu seyn; ich erwarte ihn hier, trotze allen Drohungen; Buckinthal läßt mich für keiner zittern.

Buckint (umfasset Emilia) Emilia! ich erkenne dich wieder, du hast keinen Theil an der schandvollen Anklage; dafür ist mir diese Entschlossenheit Bürg. — Ich verkannte dich! — tödtlich ist meine

D 4   Wun=

Wunde, und bey jedem, ſo ich erblicke, glaube ich den Thäter zu finden. — Vergebung!

Emil. Gewährt meine vorige Bitte!

Buckint. Könnt' ich's! — bin ich nicht im Staatsrathe vor allen Ständen des Reichs beſchimpft, entehrt worden? Iſt nicht das ganze Volk —

Emil. Dieſes liebt euch zu ſehr, und erkennt ſtillſchweigend eure Unſchuld.

Buckint. Geſetzt auch, ſo wär es ihnen nur erlaubt, in geheim zu ſagen: ſeht! da geht der ehrliche Mann! geſetzt aber, man hielte mich für ſchuldig, würd' es dann nicht öffentlich heißen: Seht! da geht einer, deſſen Verbrechen unbeſtraft, und verhehlt bleiben, indem er Großen ſchmeichelt, und ſich dahinter verbirgt! Pfuy dieſes elenden Schildes! (will gehen.)

Emil. Nur eine kleine Friſt, ihr ſollt hören.

Buckint. Wie hart, und grauſam er gegen euch verfahren wird? Meine Entdeckung wird ihn nur mehr aufbringen. — Ihr kennt ihn nicht ganz! er wird euch meinetwegen haſſen, verfolgen.

Emil. Meiner kindlichen Liebe wegen? —

Buckint. Wohl! ich bleibe.

Emil. Ich höre ihn kommen. (für ſich.) Gott! ſteh' mir bey!

Zehn-

Zehnter Auftritt.

Butt, die Vorigen.

Butt. (an der Thüre, für sich) Der Herzog?

Buckint. (zu gleicher Zeit zu Emilia) Sein wackerer Vertrauter, der Leibarzt.

Butt. Ich glaubte nur den Minister hier anzutreffn.

Buckint. Was für einen?

Butt Nicht den Verbannten.

Buckint Sondern den Arzt Sudney?

Butt. Der bin ich.

Buckint. Nur ein Schmierer, fürcht' ich, dem man das Recept angiebt.

Butt. Noch immer im gleichen Tone?

Buckint. Den ich eines Wurmstocks wegen nie ändern werde.

Butt. Ich fürchte, ich fürchte, daß euer Kopf diesen übermüthigen Stolz noch wird bereuen müßen; ich weiß zwar, daß es bey euch beschloßen ist, dem meinigen ziemlich nahe zu treten; aber so viel ich weiß, steht er (schüttelt den Kopf) nun sicher.

Buckint. (nimmt ihn hastig bey der and Beßer, um sieben Köpfe zu kurz, als um einen solchen Schurkenschädel zu hoch: merkt euch das! der eurige ist nicht des Beileszücken werth; und Stricke werden einst versagen, dergleichen Scheusal zu ersticken.

Emil. — Hört auf, Herzog! diesen Mann zu beleidigen, ihr begegnet ihm sehr hart!

Bus

Buckint. Zu gut für das, für was ich ihn halte: — teuflischer Esculap! ich zittere nur der späten Entdeckung wegen! — (dringt sich auf Butt)

Emil. Mäßiget euch, Buckinthal!

(hält ihn zurücke.)

Butt. (lächelnd) Muß er nicht seine Rolle aus= spielen?

Buckint. Aus meinen Augen Pursch! oder ich versetze deine Seele aus dieser Satanslivree.

Butt. (fängt an, zu zittern) Der Graf ließ mich — hier — da — Beweis dieses Billets hie= her rufen. (zieht ein Billet aus der Tasche, spöttisch) Ist nun wohl auf die Befehle eines Verbannten zu gehen?

Buckint. (geht auf ihn zu, und will ihn fassen) Ersticken will ich dich, und das Land reinigen, be= vor ich es verlasse.

Butt. (im Abgehen) Himmel! Hilfe! Mord!. Mord! (läßt im Schrecken das Billet neben der Ta= sche fallen, ab.)

Emil. (zu gleicher Zeit) Herzog! Herzog! denkt doch, wo ihr seyd?

Elfter Auftritt.

Buckinthal, Emilia.

Buckint. Der Bub entflieht! (im Zurückgehen erblickt er das Billet auf dem Boden) was seh' ich? (im Aufheben) An Butt! von Sudney? — soll ich —

ich) — soll ich nicht? Wie neugierig! — aber, vielleicht entdecke ich — (liest mit Entſetzen.)

Emil. Was ahnde ich? — Dieſes Billet?

Buckint. Entſetzlich!

Emil. Stille, mein Herz!

Buckint. Dacht' ichs nicht? Ha! warum erwürgt' ich ihn nicht?

Emil. Darf ich fragen, was euch —

Buckint. Beyleibe nicht gefragt! ich könnte mich mit Antworten nur verſäumen. Lies! Emilia! lies, und verwünſche zugleich die Stunde, in der du das Tageslicht erblickteſt, (Emilia nimmt zitternd das Billet) erſticke von nun an alle kindliche Pflicht, und ſtehe um Kräften, einen ſchändlichen Königsmörder verabſcheuen zu können.

Emil. (liest laut, unterbrochen, und zitternd)
„ Mein gefährlichſter Feind iſt nun geſtürzt, ver-
„ bannt; es koſtete den König 40000 Pfund, um
„ Stimmen wider ſeine Vermählung zu erkaufen:
„ du ſahſt die Wirkung deiner heutigen Arzney.“ —

Buckint. Himmelſchreiend! himmelſchreiend! nur weiter.

Emil. (liest fort) „ Sie war eingerichtet, ſo,
„ wie ich es haben wollte; wie günſtig waren
„ nicht dieſe Anfälle von Wahnwitz! betäubend,
„ und doch nicht tödtend; morgen haben wir wich-
„ tigere Dinge vor, als heute: wiſſet alſo die
„ Doſe zu verdoppeln. “ —

Buckint. Nur weiter!

Emil. (liest) „ Damit wir zwar keine Gefahr
„ laufen, ſo nehmt nur eine halbe mehr. Aus

„ die-

Die Majeſtät in der Klemme,

„ dieſer Sache ließe ſich beſſer reden, als ſchrei=
„ ben. " Gräußlich! — ich erliege, iſt's mög=
lich?

Buckint. Welch ein verruchter Teufel! En=
gelsvernunft zu ſtumpfen, und Jupiters Geſicht zu
entſtellen. O! Gott im Himmel! jeder Böſewicht
heiße hier Sudney, und Büberey ſey weniger, als
ſie ſonſt war. Heinrich! Heinrich! Bosheit, und
Ehrſucht haben dieſen Jammer angerichtet. — Mör=
deriſch für die Sinne iſt der Trank Emilia! vie=
leicht ſchluckt Heinrich eben itzt von dieſem Gifte, in
der Meinung, köſtliche Herzſtärkung zu nehmen.

Emil. Wehe mir!

Buckint. Kommt! laßt uns keinen Augenblick
länger hier verweilen, und eilet mit mir, den Kö=
nig zu warnen.

Emil. Emilia ſollte ihres Vaters Ankläge=
rinn? —

Buckint. Ihr habt nur einen gemeinſchaftlichen
mehr, den König, und dieſer iſt in Todesgefahr.

Emil. (mit einem innerlichen Kampfe) Pflicht!—
Natur! — (das Billet faſſend, als wollte ſie, und
dürfte es nicht zerreißen; für ſich) Gott! welcher
Stimme geb' ich Gehör?

Buckint. (Nimmt ihr das Billet aus der Hand,
als ſie im Begriffe war, ſelbes zu zerreißen) Du zau=
derſt?

Emil. (erſchrocken und kläglich) Ach!

Buckint. So will ich den König, und ganz
Brittannien ſolchen räuberiſchen Händen entreißen!

Emil. Euer Verſprechen? —

Buckint.

Buckint. O! wenn ich einwurzelte, so würde Sudney jene Gegend auf immer meiden. Der Fuchs hat sich verkrochen, er liegt tief in seinem Baue — die Sache hat eine weit gefährlichere Wendung genommen: meine eigene will ich nun bey Seite setzen, Heinrichen aber seine Genesung und seinen Verstand wieder verschaffen: Du! (gegen Himmel deutend) leite meine Zunge; sey wahr, nicht zu frech, aber auch nicht zu kalt für meine Britten!

Emil. Grausamer! Habt ihr beschlossen, meinen Vater, und mich aller Schande bloß zu geben?

Buckint. Welch ein Vorurtheil! Verbrechen der Väter entehren nicht.

Emil. (kniet, und nimmt ihn bey der Hand) Ihr habt eine Art von Würde, die euch über die Gestalt eines Sterblichen hinaushebet. Seyd aber auch nicht grausamer, als ein Mensch seyn kann. — Erbarmung! schonet einen Namen, der euch einst theuer war!

Buckint. Stehe auf Emilia! ich muß, ich muß! jeder Augenblick, den ich hier versäume —

Emil. O! wenn im Himmel noch Erbarmung zu finden, Allmächtigster! so schenke diesem Steine den geringsten Theil davon!

Buckint. Ach! zuviel Emilia! begehre alles—

Emil. Kann nur des Henkers Schwert eurer Rache opfern? Müßt ihr selbst den Streich führen, der Vater, Tochter, und Geliebte zugleich tödtet?

Buckint.

Buckint. Aus Liebe zu euch würde ich dieſen Streich abwenden: ſeyd verſichert, daß der König — der König! Laßt mich, Emilia! fort. —

Emil. Nein doch! nein!

Buckint. (für ſich, zu gleicher Zeit, mit ihr) Ich muß mich losreißen! mein Vorſatz wird wankend — (laut) bedenk' Emilia! Heinrich ſchlürfet langſamen Tod ein: ſchändliche Verzögerung! Hinweg! (windet ſich los, und ſtößt Emilia von ſich, ab.)

Zwölfter Auftritt.

Emilia allein.

Emil. (auf einen Arm geſtützt) — Wo nehm' ich Kräfte her, die mir aufhelfen? War das Verachtung Buckinthal? (ſteht langſam auf, auf ihre Augen deutend) O! ſo zerfließt ihr in Thau, und heiße Thränen reiner Liebe erquicken euch wieder! — Liebe? Ach! die deinige iſt dahin: die ſüßeſte Liebe änderte ihre Natur zum bitterſten, und tödtlichſten Haß. (zeigt ihre Verwirrung über ihres Vaters Eintritt.)

Dreyzehnter Auftritt.

Sudney, Emilia, und ein Kammerdiener des Grafen, der gleich wieder abgeht.

Sudn. (hinter der Scene) Iſt er gewiß fort? Gewiß?

Ram-

Kammerd. (an der Thüre) Ganz gewiß, Milord! ich sah' ihn hinaus gehen. (gehet wieder zurück.)

Emil. (für sich.) Wie wird er bey meiner Entdeckung erröthen? Meine Bangigkeit weiset mich zurück, — und doch —

Sudn. Du hier meine Tochter? Ich sehe, daß du wider Verbot dich in eine Unterredung mit dem Herzoge eingelassen: euer Gespräch war lang genug, um dich mit tausend Lügen zu berücken.

Emil. Wehe euch! wehe mir, mein Vater! daß ich hörte, was ich hörte.

Sudn. Buckinthals Drohungen hätten einst Schreckenbilder für mich seyn können; aber die Unschuld wußte seine Pfeile immer aufzufangen, und kraftlos fielen selbe zu meinen Füßen; was hab ich nun zu befürchten, da er alles für sich selbst zu besorgen hat?

Emil. Gar nichts! Buckinthal ist unschuldig, der König wird ihm vergeben.

Sudn. (zornig) Unschuldig? Du unterfangst dich, den Feind — ja fast einen vorsetzlichen Mörder des Königs gegen einen ganzen Staatsrath zu vertheidigen? Wie sträflich wird nun dein Zutrauen, und deine Liebe zu ihm! — Der König wird, und kann das Urtheil nicht zurücke nehmen.

Emil. Er wird es widerrufen, und das schrecklichste wider euch fällen; Buckinthal hat erfahren, daß die Zeugen, so wider ihn auftraten, elende, bestochene Zeugen waren.

Sudn. (mit Verwirrung) Glücklicher Zufall! (für sich) Sollten die Schurken geplaudert haben?

Emil.

Emil. Er entriß ihnen ihr Geheimniß, — floh' damit zum König. —

Sudn. (für sich) Verdammter Streich!

Emil. Und giebt nun euch als den Bestecher —

Sudn. Halt ein! und entweyhe deine Zunge nicht. — Ha! er gehe hin! Heinrich kennt Sudneys Treue: kann diese wohl durch Betrug überwogen werden? Der König wird vielmehr einsehen, daß es Buckinthalen gelungen, selbe zu gewinnen.

Emil. Hört auf, die Tugend, und untrügliche Rechtschaffenheit dieses Mannes zu beflecken: ihr erfahrt, daß sein Geist weit über den eurigen erhaben, und (mit Gelassenheit) daß List ihn nicht betäuben könnte.

Sudn. Ist das meine Emilia?

Emil. Wäre sie doch fähig, ihrem so theuern Vater Reue, bittere Reue einzuflößen!

Sudn. (lacht höhnisch) Ueber die Tochter, die ihren Vater in Schrecken setzen will. Wären deine Vorwürfe gegründet, so würdest du längstens meine Gelassenheit in Zorn verwandelt haben: auch diese könntest du ermüden, zittere alsdann!

Emil. Wozu diese unnütze Verstellung? Alles, alles ist entdeckt: euer heutiges Schreiben —

Sudn. (für sich, und zugleich mit Emilia) Wäre es möglich? — Was will sie damit sagen? (laut, verwirrt) Und nun! die ganze Welt mag es lesen — zwar — der Briefe auffängt, ist einer Verfälschung oder eines Zusatzes wohl fähig.

Emil. Ausflüchte! Hier gerieth es in Buckinthals Hände. — Der Leibarzt erschrack über die

Dro=

Drohungen des Herzoges, und ließ aus Bangigkeit
euer Billet fallen, und so ———

Sudn. (für sich) Ich bin verlohren! ohne Ret=
tung! (laut) — gut — recht gut! — Habt ihr
das hier abgemacht? ist das eure Schlinge, womit
ihr mich zu fangen glaubt?

Emil. O! werft sie doch ab, diese schändliche
Larve! rettet euch, und flieht weit von hier: noch
habt ihr Zeit, der Rache eines laut brüllenden Voi=
kes, und der schändlichsten Strafe zu entkommen.

Sudn. (für sich, und sehr vertieft) So solle mit
dem heutigen Tage Macht, Würde, alles in Dunst
verschwinden?

Emil. Für euch ist keine Rettung übrig; wir
wollen weit von Brittaniens Gränzen segeln, und
irgend eine Höhle suchen, wo ihr das Vergangene
ruhig beweinen könnt.

Sudn. (für sich) Ein bloßer Sommernachts=
traum!

Emil. Fürchterliche Stille!

Sudn. (für sich) Wie tief bist du gefallen! ge=
fallen?— Noch nicht.

Emil. So tiefsinnig mein Vater? noch stehen
die Thore für euch offen. — Kann dieser unfruchtba=
re Boden noch Reize für euch haben? Verlaßt ihn!
und eure Flüche bleiben dem Verheerer dieses Landes
zurücke.

Sudn. (aufgebracht) Dir, Natter! will ich auf
ewig fluchen.

Emil. Nehmt es zurück dieses schreckliche Wort!

E   **Sudn.**

Sudn. Wäreſt du bey deiner Geburt erſticket, ſo wäre kein Unglück über mich gekommen. Du biſt die einzige Quelle meines vielleicht nahen Verder= bens! Buckinthal wurde von dem Augenblicke, da ich ihm deine Hand ausſchlug, mein gefährlichſter Gegner: er ſuchte alle mögliche Gelegenheiten, mich zu ſtürzen; und nun will er durch ſeinen eignen Fall den meinigen erzwingen. Verbirg dich! — Geh, ſag ich, oder du reizeſt meinen Zorn zu — (da Emi= lia reden will) Kein Wort weiter! fort, und hüte dich, daß dein Aug dem meinigen ſobald nicht wie= der begegne.

Emil. (für ſich im Abgehen) Iſt es ſo weit ge= kommen? (Emilia ab.)

Vierzehnter Auftritt.

Sudney, und gleich ein Sekretär des Grafen.

Sudn. (ſchellt) Holt augenblicklich den Leib= arzt! hurtig! (Sekretär ab) — der Herzog beym König? — Wenn ich auch hin gieng? — In Ge= genwart des Herzogs alles abläugnete? — Aber die Umſtände, der Doktor? O! verwünſcht ſey ſein Haaſenherz! alles wider mich. — Flucht alſo? — Nein thörichte Emilia! der Kopf, der beſſere Mittel zu erſinnen weis, ergreift die Flucht nur alsdann, wenn ihm die übrige fehlgeſchlagen. — Der Her= zog beym König? — Seine Vorſtellungen werden dringend ſeyn, um ſo mehr, als ihm der König nicht

nicht gleich glauben kann. Vielleicht vergißt sich
Buckinthal, — ich kenne seine Hitze: er wird Drohungen ausstoßen: — könnt ich dieses Gespräch —
warum nicht — die Thüre des Kabinets — es koste
mich das Leben, so will, und muß ich das äußerste
wagen.

Ende des dritten Aufzugs.

Vierter Aufzug.

Ein Kabinet im königlichen Pallaste.

Erster Auftritt.

Der König allein.

König. (an einem Schreibtische, worauf mehrere
Bücher liegen, König liest aus einem Buche, nach einer Pause) Wie frey dieser Pursch schreibt! — (liest
folgendes) „Man legt sich Königen zu Füßen, um
„ihnen die Krone zu rauben, und bey einem Knie-
„bug wird sie oft mit einer Momuskappe ver-
„tauscht." (für sich) So deutlich, als wenn das
Wort: Narr da stünde; wie lautet die Anmerkung?
(liest) „Kratze sich der, den es juckt; ich oder der
„König; ich werde mich aber zuerst kratzen, daß ich

E 2 aus

„aus Höflichkeit, oder vielleicht gar aus politiſcher
„Abſicht nur die Gottheit hinſetze.“ (für ſich) Hin=
weg mit dir, du vertiefeſt mich zu ſehr. (nimmt ein
anders Buch, und lieſt den Titel) „Das ächzende
„Volk! — (für ſich.) Auch du wirſt mich nicht hei=
terer machen.   (ſchellt)

Zweyter Auftritt.

Der König, und ein Page.

König. Bring mir das Werk, betitelt: Der
neue Regierungsplan!

Page. Der Leibarzt nahm es mit ſich.

König. Butt? Warum?

Page. Er ſagte mir, Eure Majeſtät wären in
das Buch zu ſehr vertieft: euer Kopf wäre noch zu
ſchwach; und mir befahl er, Euer Majeſtät dafür
das verordnete Betbuch anzuweiſen: eure Geneſung
heißt mich gehorchen.

König. Ach! dieſe iſt immer entfernter, jemehr
ſie mich beten heißen: ich fühle nur zuwohl mein
annahendes Ende.

Page. Nicht doch)!

König. Alſo beten! — Kann ich wohl noch ei=
ne Friſt erbitten? — Dein Seufzen verräth mir
ein klägliches Nein.

Page. Mein Herz holte nur ſchnellen Athem:
euer Wehklagen hemmte mir die Luft; ihr werdet
noch wonnevolle Täge erhalten.

Kö=

König. So gieb her! (der Page geht zu einem Tisch, nimmt das Gebetbuch, und überreicht es dem Könige) Geh! und gieb Befehle, daß mich niemand in meiner Andacht störe. (Page ab)

Dritter Auftritt.

Der König allein.

König. (nach einer Pause) Was ist wohl das Leben ohne Gebrauch seiner Sinne? Jenes fühle ich kaum, und diese soll ich anstrengen, dich um den geringen Werth meines Daseyns zu preisen; ist es nicht schlimmer, als todt, sich genöthiget zu sehen, Thiere um ihre Vollkommenheiten zu beneiden? — (streckt seine Hände empor) Darf ich, ohne dich Schöpfer zu lästern, wohl begehren, noch länger als ein elendes Mittelding zwischen Mensch und Vieh fortzukeichen? — Ist mein Gebeth nicht entehrend für die Schöpfung? — Auch für den Menschen! doch das edelste, vollkommenste Werk deiner Schöpfung — ein Mensch, so elend, so herabgesunken, so unbedeutend, und doch König! — oder sollt' ich dich anklagen, (zitternd) als hättest du eine deiner Kreaturen vergessen, und selbe unbekümmertem Verhängnisse preis gegeben?

E 3

Vier=

Vierter Auftritt.

Der König, und der Herzog von Buckinthal, welcher bey einer verborgenen Thüre ganz rasch in des Königs Kabinet tritt.

König. (verblüfft über Buckinthals Auftritt) Wer ist der elende, der sich unterfangt, mich hier zu stören?

Buckint. Euer Wächter, der euch zuruft, aus einem schrecklichen Traume zu erwachen, und der nun die letzte Stunde eures Elendes verkündet.

König. Himmel! in welcher Gefahr? Wache! Wache!

Buckint. Wenn euch das Leben eines Unterthanen theuer ist, so ruft nicht: denn ich mache eine Leiche aus dem, der mir zu nahe kömmt.

König. Bösewicht! um mich desto sicherer zu morden? Nun bestättiget sich die Aussage.

Buckint. Ich bin ja nicht in dem Tower; dort soll ich euch das Messer ins Herz stossen.

König. Aber verbannt, und durch diesen Eintritt das Leben verwirkt.

Buckint. Wahrlich gut ausgesonnen! fast würde ich glauben, man habe auch euch erkauft.

König. Erkauft?

Buckint. Mörder also: — nichts mehr, und nichts weniger, als ein Königsmörder.

König. Wenn ihr diesen Verdacht mindern wollt, so flieht!

Bu=

Buckint. Eher nicht, als bis er ganz von mir fällt; längstens hätt' ich diese vergängliche Majestät zum gänzlichen Verfall bringen können, wenn ich meine Freyheit mit einem eiteln Namen zu vertauschen gewünscht; aber dieses Herz —

König. (über seinen Kopf deutend) War stets hoch Buckinthal!

Buckint. Um nach eurer Krone zu haschen? O! diese ist so glänzend nicht! sie ist verstaltet, und mit Harz bestrichen; die Edelgesteine, die sie zierten, kleben an den Fingern deiner Räuber — wahrlich ein bloßes Gerippe mehr, und ich muß als ein empörender, als euer Mörder verbannt werden, damit sie euch desto sicherer plündern, dieses Gerippe euch noch abtändeln, und mit einer Schlafmütze krönen dürfen.

König. Zuviel Buckinthal!

Buckint. Da sie nun in euerm Namen das Land ausgesogen, den wohlhabenden Bürger durch die schwersten Auflagen geschwächt —

König. Das sind Finanzsachen Herzog! Ihr redet ja wider euch selbst.

Buckint. Als ihr mich eures Vertrauens noch werth hieltet, und ich zu eurer, und des Staats Sicherheit noch alles mit euch unterzeichnete, waren die Kisten voll, und Engelland klagte nie; so bald mir aber die Gunst meines Königs benommen, und mit dieser alle Thätigkeit vereitelt wurde, so erdichtete man Abgaben —

König. Was für Abgaben?

Buc

Buckint. Sie sind entsetzlich anzuhören, und wer sie vollends trägt, dessen Rücken wird ein Opfer ihrer Bürde. Seit zwey Jahren wurden ungeheure Ausschreibungen gemacht, wodurch die schuldige Treue in kalten Herzen erfrieren mußte. Laut fluchen sie jetzt Heinrichen, wo sie sonst die frömsten Wünsche hegten.

König. (für sich) Schrecklich!

Buckint. Und bey allen diesen Neuerungen, wenn es irgendwo einen leeren Raum in der Natur giebt, so ist er in euren Kisten.

König. Ach! nur zu wahr!

Buckint. Und wo ist die Schlange, die euch die heutige Erpreßung zuzischte?

König. Erpreßung! — Von welcher Beschaffenheit?

Buckint. Von einer Art, die jeden Britten von seinen Rechten losreißt, um ihn an ein sklavisches Joch zu binden: den sechsten Theil von jedem! wo ist er, der Unterthan, der diesen Uebermuth ertragen wird? Der arbeitsamste Ackersmann muß seinen Pflug verlaßen, und verzweiflungsvoll die Axt ergreifen, seinen Räubern nachzusetzen.

König. Wer machte diese Ausschreibung? und wann?

Buckint. Heute früh übergab sie Sudney dem Graf Westen, mit dem Auftrage, selbe an alle Grafschaften zu überschicken, eben las ich sie mit Entsetzen. — Ich kenne das Volk mein König! Ströme von Blut wird man vergießen, und jedes Kind mit dem Dolch in der Faust wird ihres ermordeten

Va=

Vaters wegen Rache über euch auszrufen — der
Name Heinrich wird der Greuel ihrer Nachkömmlin=
ge seyn.

König. Haltet ein Herzog! eure Prophezeyh=
ung ist tödtend; ich schwöre euch, daß mir von keiner
neuen Auflage, noch eben so wenig von dieser Aus=
schreibung etwas bewußt ist.

Buckint. Um so schrecklicher, daß man eurer,
und des Staatsrathes nicht mehr bedarf; ihr sehet
nun, was ihr für eine Rolle spielet; euren Geist
wußten sie zu betäuben, und mit einem schwachen
Körper verträglich zu machen; daher die Unthätigkeit
zu allen Geschäften, daher die freche Unternehmung
eurer Untergebenen.

König. Ach! habt ihr beschlossen, mich mit
Worten zu tödten?

Buckint. Daher auch eure so gräußliche, aber
oft günstige Augenblicke von Wahnwitz; auch heute
für eine abschlägige Antwort sehr pünktlich bestimmt.
O! Sudney! Sudney!

König. Die Mehrheit der Stimmen entschied.

Buckint. Der erkauften Stimmen.

König. Ich sollte? —

Buckint. Ihr nicht, aber andere, um ihr
Vorhaben zu erreichen.

König. O! das geht zu weit! — Verläum=
dungen von solcher Art! (für sich) denen mein Herz
doch Gehör zu geben scheint — (laut) Verlaßt mich,
Herzog! ich gebiete es euch.

Buckint. Euch verlassen, da ihr am Rande
des Grabes steht? — Sehet auf den Ursprung eurer

E 5 ser=

ſterbenden Krankheit zurücke! Was konnte euch in ei=
nen ſo elenden Zuſtand verſetzen? — Mars Antlitz
ſaß auf dieſer Stirne, und dieſer Körper, den nun
eine Mücke krümmet, durfte mit Atleten ringen.
Elendes Gold! du wußteſt die Facultät zu verfüh=
ren, und Herrſchſucht erfand die Entſtellung deiner
Vollkommenheiten. — Beraubte man euch ganz aller
Entſcheidungskraft? — Wußten ſie all eure Beur=
theilung zu hemmen? wie ſehr bedaure ich euch dann,
und erſtaune nicht mehr, wenn ihr Wahrheit für
Verläumdung anſehet: — oder geſtehet euch euer
Kopf das, was ſich ein verzagtes Herz nicht zu
ahnden getrauet? wäre dieſes auch ſchon von Wür=
mern zernagt? — Zittert ihr vor euern eignen Zep=
ter? fürchtet ſich Heinrich ſelben aus der Ruthe zu
reiſſen, womit ſie ihn geißeln? in eine ſolche Mem=
me hätten ſie euch umgeſchaffen?

König. Ach! (wendet ſich hinweg.)

Buckint. Ihr wendet euch von mir? ſeufzet?
Gott! ihr weint? ach mein König! wie bedeutend
iſt dieſe Thräne für eure Britten!

(faßt den König bey der Hand.)

Fünfter Auftritt.

**Graf Sudney, der König, und Buckins=
thal, Sudney ſteht anfangs unter der
Thüre.**

Buckint. Sie zeiget ihnen ein nahes Ende ih=
res Jammers. — Wie ſie herabrollt, über dieſe
Wan=

Wange! noch hat die Majeſtät nichts mehr ge=
ziert!

König. Du ſchmeichelſt mir nun mit der Pfo=
te, womit du mich zerfleiſcheſt — (für ſich) So ver=
kennt zu ſeyn!

Sudn. (unter der Thüre) Der König ſcheint
unruhig.

Buckint. Sollten bloß meine Worte zu ſo einem
heftigen Ausbruch reizen? O! vergebt mein König!
der Mund eines Patrioten mag fehlen, das Herz nie.

König. Das meinige blutet.

Buckint. Vertilget den, der es verwundete;
(zieht ſein Schwerd, und überreicht es knieend dem König)
nur einen Stoß, und ihr löſcht eine Lampe aus, die
eurer Erleuchtung wegen zu hell aufbrannte.

König. (ſieht Buckinthal ängſtlich und zitternd an.)

Sudn. (für ſich) Nun ihr Geiſter der Hölle!

Buckint. Liebe zu euch machte mich ungeſtümt.
Wie ſüß wird mir der Tod, da ich ihn darum ver=
ſchuldet. — Dieſes hier mag mein Herz entſchul=
bigen. (reicht dem König das Billet hin, erſchrickt über
Sudneys Geſchrey, ſtehet raſch auf, und ſteckt
das Billet zu ſich.)

Sudn. Wache! Holla! zu Hilfe! der König
iſt in Gefahr.

Sechster Auftritt.

Etliche Mann Wache, der Page, Vorige.

Sudn. Entwaffnet den Herzog!

Buckint.

Buckint. (zu Sudney) Ha! Verräther! (Die Wache entwaffnet den Herzog, da er den Grafen Sudney tödten will.)

Sudn. Packt dieſen Elenden! ſchleppt ihn fort! (zum König) Dank ſey es der Vorſicht, die mich hieher führte, (zur Wache) fort!

König. Der Herzog ſtehet unter meinem Schutze.

Sudn. Auch dieſer Vorwand ſoll dir nichts nützen; es ſtehet nun beym Staatsrathe, einen ſo ſchnell — als grauſamen Tod. — —

Buckint. Ihr wollt mein Richter ſeyn?

Sudn. Das werd' ich mit andern: über Hochverrath darf der König nicht ſelbſt urtheilen, viel weniger ihn ſchützen.

Buckint. So hört mich zum letztenmal, mein König! —

Sudn. Fort mit ihm! ich befehl es euch im Namen des Staatsraths, bringt ihn augenblicklich nach den Tower. (Buckinthal wird weggeriſſen.)

Buckint. Gerechter Gott! ſchütze die gedrückte Unſchuld!

Sudn. Laßt euch von ſeinem Gewinſel nicht abhalten! (Buckinthal wird abgeführt.)

Siebenter Auftritt.

Der König, und Sudney.

König. Wer iſt nun der Schuldige? welcher Larve darf ich glauben? ihr wollt mir beyde das

Leben

Leben retten, beyde scheinet ihr, es rauben zu
wollen.

Sudn. Welch ein Gedanke theuerster König! —
aber, warum so zitternd, so entstellt? ihr könnt ja
kaum —

König. Kann ich wohl unbesorgt unter euch
stehen, da sich einer mit dem andern entschuldi=
get? — der Herzog legt euch Dinge zur Last: —
Hätt' ich doch die Schrift gelesen, die er mir über=
reichen wollte, vieleicht —

Sudn. Hätte sie euch das Leben gekostet, er=
innert euch der Aussage: unter dem Scheine einer
Höflichkeitsbezeigung hätte er euch kniend sein
Schwerd ins Herz gestossen, wenn ich nicht —

König. (sieht ihn verdächtig an) Glaubt ihr
das? — Graf! einer von euch muß Satan selbst
seyn.

Sudn. Solltet ihr mich verkennen mein Kö=
nig? in der That, das wäre eine schnelle Verän=
derung! — an der Art, euch Rache zu verschaffen,
werdet ihr mich wieder finden.

König. Ich fürchte die Zaghaftigkeit der Rich=
ter, und euren Diensteifer. — Ich werde es wohl
auf mich nehmen müssen.

Sudn. (für sich) Der Ton mißfällt mir.

König. (auf seine Brust deutend) Wie du poch'st!
noch zittere ich an allen Gliedern. Komm seltene
Ruhe! ich bedarf deiner diesem Vorfalle nachzuden=
ken, um zu mir selbst zu kommen. (zum Page) Füh=
re mich in mein Schlafgemach, verriegle aber die
Thüren, damit ich keiner weitern Rettung bedarf.

Achter

Achter Auftritt.

Sudney allein.

Sudn. Dieses wäre glücklich vorüber! das Gespräch mit dem Herzog leitet ihn zwar auf sehr gefährliche Gedanken; einen halben Tag werd' ich daran wenden müssen, selbe zu verscheuchen. — Einen Augenblick später Sudney, und du wärest ohne Rettung verloren gewesen. Dein Billet wäre nun — das Billet! so lang es in Buckinthals Händen ist, bin ich immer aller Gefahr ausgesetzt. (geht zur Thüre) Holla! ist Niemand hier?

Neunter Auftritt.

Ein Sekretär des Grafen, und Graf Sudney.

Sekret. (außer Athem) Ich suchte euch Milord! der Doktor ist weder zu Hause, noch bey seinen Kranken anzutreffen; viele reden schon von Flucht; seine Frau sah', daß er Geld und Papier zusammenraffte, und damit fortlief, ich weiß nicht, was ich denken soll!

Sudn. (in Gedanken.) Geht nach den Tower, visitirt den Herzog; findet ihr Papier bey ihm, so nehmt sie ihm: und sollte er sich weigern, so laßt auf Befehl des Königs Gewalt anlegen. — Noch eins: übergebt sie Niemanden anders, als mir.

Hier

Hier im Pallaste werdet ihr mich wieder treffen; die
Sache bedarf Eile. (Sekretär ab.)

Sudn. (allein.) Dieses gewonnen, alles ge=
wonnen! sollten wohl die Drohungen Bucsinthals?
— Nein! so zaghaft bist du nicht! Welch ein Un=
gewitter ziehet sich über meinen Kopf zusammen! ich
muß Gewißheit haben, durch seine Flucht könnte
starker Verdacht wider mich entstehen. (ab.)

Ende des vierten Aufzugs.

Fünfter Aufzug.

Ein Audienzsaal des königlichen Pallastes.

Erster Auftritt.

Der König, sein Page, und gleich ein Se=
kretär des Grafen von Sudney.

Page.

Ihr seyd im Audienzsaal mein König!
    König. (kehrt zurück, und bleibt stehen.) Hast
recht, ich bedarf dieser Erinnerung. (zum Sekretär.)
Wohin so schnell? was wollt ihr? wer seyd ihr?—
Redet!

Se=

Sekret. Lord Sudneys Sekretär! — ich ſollte ihn hier antreffen, ihm dieſe Schriften —

König. So dringend?

Sekret. Doch ſehr bedeutend! Buckinthals Geheimniſſe —

König. Nun euch überlaſſen?

Sekret. Auf Befehl meines Herrn, und in Euer Majeſtäts Namen (dann dieſen ſollte ich ge= brauchen, im Falle er ſich weigerte,) nahm ich ihm noch vor ſeinen Eintritt in den Tower dieſe Papiere ab.

König. In meinem Namen? gieb her! ich will der Ueberbringer ſeyn. — Was zauderſt Du?

Sekret. (zaghaft.) Die Furcht, eine Untreue zu begehen. (überreicht die Papiere.)

König. Die nehm ich auf mich; gehe nur!

(Sekretair ab.)

Zweyter Auftritt.

Präſident Graf Weſten, die Vorigen.

König. (der einige Papiere durchſucht) Soll ich klüger oder verwirrter aus dieſen Schriften wer= den? — (lieſt.) „ Liſte der Staatsverbrecher, Königsmörder aller Art “ — Schade, daß ein Blatt abgehet: — „ Steigerungen von 5 Jahren her; die letzte Ausſchreibung von jedem den 6ten Theil ſeines Vermögens miteingerechnet, um 3000000 Pfund. “

Weſt. Wahr, nur zu wahr!

Kö=

König. Unmöglich! — Wie betrug sich das Volk bey der Verhaftnehmung des Herzogs?

West. Sehr unruhig: es murrte laut.

König. Und ich fürchte, nicht ohne Grund.

West. Die Wache hatte sehr viele Mühe, dem Pöbel, der von allen Seiten herdrang, Widerstand zu thun. Alles schrie: Laßt uns den Herzog befreyen! Er soll unser König seyn!

König. Und der Herzog?

Westen. Stillte das Volk, so lang er sie ihrer Untreue ermahnte; da sich aber die Thüren des Towers hinter ihm schloßen, so ward das Geschrey heftiger, und der Auflauf stärker; die Worte „Rache über Sudneys Haupt" erschallten überall! noch tönen sie in allen Ecken.

König. Wurde Niemand festgesetzt?

Westen. Nein.

König. Die Aufschrift an meinen Leibarzt? — Und Sudneys Hand, wie kömmt das zu diesen? (nachdem er gelesen, fällt er dem Pagen in die Arme) Gott!

Westen. (rückt einen Stuhl hin.) Schrecklicher Augenblick!

Page. Fürchterlich! eilet um Hilfe Milord!

Westen. Der Puls schlägt heftig.

Page. Ruft den Leibarzt! er kennt seine Umstände.

Westen. Er erwachet wieder.

König. (mit gebrochener Stimme) Buckinthal! du sagtest keine Lüge. (mit Schauder.) Ach! geht,

F   flieht,

flieht, verlaßt mich! euere Geſichter ſind fürchterli=
che Schreckbilder für mich; wem darf ich noch trauen?

Weſten. Denen, die ihr Blut für euch hin=
geben.

König. Gräßliche Worte! der Bub, der die=
ſes da ſchrieb, ſprach oft ſo.

Weſten. Dieſe Schrift muß von Bedeutung
ſeyn.

König. Sehr bedeutend: von einem Buſen=
freunde.

Weſten. Faſſet euch!

König. Verbirg nicht auch dein Gift unter
dergleichen überzuckerten Worten; ich glaubte mich
von den edelſten Geſchöpfen umgeben, von der Treue
ſelbſten geleitet zu ſeyn. — Verhungerte Schlangen
nährte ich, die ſich in meinem Buſen erquickten, und
mein Herz zernagten. — Teufel umziſchten mich,
die zum Schrecken der Welt mehr, als mörderiſche
Tyranney an mir ausübten.

Weſten. Wozu dieſe übertriebene Schwermuth!

König. Mein Leiden iſt ohne Maas; darum
ſeyen auch Schmerz und Rache gränzenlos.

Weſten. Wo bleibt eure Vernunft?

König. O! könnt' ich meinem Grame Grän=
zen ſetzen! (reißt an ſeiner Kleidung.) Wenn der
Himmel weint, überfließt da die Erde nicht? —
Ich will allein weinen, da Niemand für mich weint.

Weſten. Die Urſache?

König. Du willſt noch eine Urſache meines Un=
geſtümmes wiſſen? — Ich bin die See: horch, wie
ihre Seufzer wehen, ohne doch irgend Mitleid zu

erre=

erregen! mein Inneres kann, wie sie, seinen Jam=
mer nicht bey sich behalten.

Westen. Theuerster König!

König. (giebt Westen das Billet) Lies, lies
hier! Hast du keinen Theil an dieser Verschwörung,
so stehen alle Haare bey dir empor, wie bey einem
Wahnwitzigen.

Westen. (für sich) Schreckbar!

König. Hilf mir, meinen Zorn mit fluchenden
Worten auszuschütten! — Wer kann mir Einhalt
thun? (faßt sich an dem Kopfe) Ich will meine
Haare ausraufen, meine Hände mit den Zähnen ab=
nagen: dann in diesem kläglichen Anblicke meine un=
glückliche Augen schließen. — Warum lach'st du?
(nimmt Westen das Billet) dazu ist keine Zeit.

Westen. Hat euch der Kummer schon wahn=
witzig gemacht? Euer Verstand —

König. O! berühre diese Saite nicht, damit
ich nicht daran denke, daß ich keinen mehr habe. —
Pfuy, pfuy! wie ein Wahnwitziger rede ich, sag'st
du? — (gegen Himmel) Du, der alles richtet, ge=
be mir Sinne genug, all das Geweb von Bosheit
zu entwickeln!

Westen. Klagen sind vergebens, mein König!
Sinnet auf Mittel, euch zu —

König. Zu rächen? Bey Gott! das will ich,
auch ihr sollt mir dabey helfen. — Wer zeigt mir die
wahre Hölle der Rache? (auf das Billet deutend)
Buckinthal! auch du schreiest um Rache! Geht, ruft
ihn her! Verschaft mir auch Sudney, und den Leib=
arzt, ach Graf! nie fühlt' ich dergleichen Sehnsucht,

nie

nie das, was ich itzt fühle. Euch will ich meine
Krone verdanken, meine Zufriedenheit; eine Krone,
die mir noch nie zutheil worden. Eilt! ich bitte
euch, eilt!

Weſten. Den Leibarzt einzuholen, wird vergebens ſeyn. — So ſchwer mir auch die Entdeckung
fällt, ſo muß ich euch doch von ſeiner Flucht—

König. Flucht?

Weſten. Und wohin iſt, leider! ungewiß.

König (höchſt aufgebracht.) So ſollte mir's
dann auch verſagt ſeyn, gerochen meine Augen an
ihm zu weiden? Schickt ihm aller Orten nach; eilt
nach dem Tower; bringt dem Herzog Befehle, euch
augenblicklich hieher zu folgen. (Weſten ab.)

Dritter Auftritt.

König, und ſein Page.

König. Er iſt beleidigt, entehrt; er wird grauſam in Erfindungen ſeyn! — Könnten ſie ſeinem
und meinem Grame nur Linderung bringen! —
Du betrübtes Volk! ſtelle dich um mich herum, damit ich mich zu einen jeden beſonders wenden, und
meiner Seele ſchwören kann, eure Leiden zu rächen. — Der Schwur iſt gethan: — Komm! komm
Buckinthal! da haſt du den Kopf! nimm ihn, dieſen Schlangenkopf, während ich mit dieſer Hand
den Körper ausweide, durchwühle das Herz zu ſuchen, das meine Verſtümmlung angab. (zum Page.)
Das Bild entſetzt dich Knab? Gehe fort! flieh; du
schickſt

schickst dich nicht zu meiner Gesellschaft, meine Augen sind vom Anblicke der Tyranney, mein Busen von Rache erfüllt. — Eine Mordthat an einem fürchterlichen Abentheuer.

Page. Ach!

König. — Was kochst du schwacher Kopf? machst Entwürfe zu meinen ferneren Elend? — Sollt' ich aber tausend Bubenstücke, so man an mir ausübte, nicht mit einem einzigen vergelten dürfen? O ja, und sollt' ich der künftigen Zeit zum Wunder werden. — Was ist das für ein Getös?

Das Volk. (von außen.) Er ist's, er ist's, Broddieb! Bösewicht! Rache über sein Haupt!

König. Was bedeutet dieses Geschrey?

Volk. Tödtet ihn, tödtet ihn!

König. Man stürmet den Pallast! Wer untersteht sich, diesen aufrührischen Lärmen anzustiften?

Volk. Dringt euch hinein! hinein, laßt ihn ja nicht aus!

König. Der Lärmen kömmt näher, Garde! Wache! man will mich morden. (der Lärmen wird stärker.) Ha! Verrätherey! (zieht seinen Degen.)

Page. Befürchtet nichts mein König!

Wache. (von außen.) Zurück! zurücke!

Page. Die Wache wird Niemanden einlassen,

F 3   Vier=

Vierter Auftritt.

Graf Sudney den Degen in der Hand: hinter ihm etli=
che Mann Wache, die ſich flüchten, dann ein Haufen
Bürger mit Dolchen und Degen in der Fauſt. Der
Lauer Rinnbold, und die übrigen.

Sudn. Zu Hülfe! Zu Hülfe!

König Sudney! Verräther! du wagſt es?
(der König geht ihm entgegen, der Page will ihn auf=
halten.)

Page. Was wollt ihr?

Das Volk. (redet durcheinander.) Tödtet den
unverſchämten Böſewicht! tödtet ihn!

(Die Verſchwornen überfallen den Grafen Sudney,
der Graf bekömmt ein paar Stiche, und fällt zunächſt
am König.)

Das Volk. (durcheinander.) Er tödtete meinen
Sohn, mein Weib. Freyheit! Freyheit! er tödte=
te uns alle, Heil uns, das Vaterland iſt gerettet!

König. (wirft ſeinen Degen weg.) Was konnte
euern Grimm dazu reitzen, eine That zu vollziehen,
die meiner Wuth nun Gränzen ſetzt?

Sudn. Ach! Verzeihung! Verzeihung!

König. Du lebſt noch unverſchämter Böſe=
wicht? (einige wollen ihn mit Füſſen tretten.) Tre=
tet nicht auf ihn. Leute! ſeyd ruhig! ſteckt eure
Schwerter ein, ihr ſeyd gerochen. Sein Herz
ſchlägt noch, aber bloß für mich; überlaßt es nun
meiner Folter.

Einer aus dem Volke. Wenn ihr wüßtet, wie
groß die Gefahr war, welche das Leben dieſes Man=
nes

nes euch drohte, so würdet ihr euch freuen, daß er so aus der Welt geschaft wurde.

Rinnbold. Laßt ihn dafür sterben! (sieht Sudney verrückt an.)

Das Volk. Reißt ihn in Stücke!

Fünfter Auftritt.

Lord Bremvill mit Garde, die Vorigen.

Bremv. (im Hinterhalt der Bühne.) Hieher! besetzt alle Gänge des Pallastes! verdoppelt überall die Wache! — Ihr stellt euch hier an, (im Vorgehen) schafft diesen Haufen hinaus, gebraucht Gewalt!

Volk. Wir lassen uns nicht abtreiben.

Wache. Platz! Platz da! (sie stoßen einige weg, und stellen sich dann an.)

Bremv. (tritt vor, erschrickt über Grafen Sudney) Gerechter Gott! was soll das seyn? Der König hier? Hinweg ihr Leute!

Sudn. O laßt sie! aus Barmherzigkeit erlaubt ihnen, das angefangene zu vollenden; hauet mich in Stücke, Bürger! Männer und Jünglinge! färbt alle eure Klingen mit meinem Blute. (zu Rinnbold) Du! dessen starres Aug mich tausendfach tödtet, gebrauch lieber deinen Dolch, als diese Blicke! tödte mich Rinnbold! deine Rache ist gerecht, sie ist nur Wohlthat. —

Rinnb. Das kann ich nicht.

Sudn. Mein König! euern Degen in mein Herz; aber schenkt mir Vergebung!

F 4 Rös

König Mit tauſend Flüchen will ich dich be-laden, und ſie deiner Seele zur Mitgift geben. Nun erblick ich erſt unter der Geſtalt des Menſchen das Meiſterſtück der Hölle! Dein Bitten iſt nur Verſtel-lung, deine Reue Heucheley; fühlteſt du noch Hof-nung, du würdeſt neuen Raum für deine deſpoti-ſche Tyranney ſuchen, und dein Kopf würde nur neue Diebereyen gebähren. Körper und Vernunft wußteſt du, und dein hinterliſtiger Gehülfe ſcheuß-lich an mir zu verſtalten: ſowohl unmäßige Arzney, als eure verfluchte, teufliſche Grundſätze halfen zu meinen nahen Untergang; ihr begienget Seelenmord, da ihr die Majeſtät verſtümmeltet.

Sudn. Ach!

König. (zieht das Billet aus der Taſche, und zeigt es dem Grafen Sudney) Mörder, die einſt Cä-ſarn ermordeten, vergoſſen gar kein Blut, begien-gen keine Uebelthat, wenn man dieſe Schandthat dagegen hält. Welcher Name iſt wohl ärger, als Meuchelmörder, damit ich ihn dir gebe? Welch ei-nen Greul muß dein Name unter meinem Volke er-wecken? Die Eltern werden dir das betrübte Loos ihrer Kinder aufrechnen: das Weib wird dich des Schickſals ihres Mannes, und der Waiſe des frühen Todes ſeiner Eltern wegen anklagen, dir fluchen, und die Stunde verwünſchen, in der du gebohren ward'ſt: wie viel Seufzer manches Greiſes, man-cher Wittwe, und mancher Waiſen waſſervolles Au-ge hab' ich nicht durch dich Elenden zu verantwor-ten?

Bremv. Seine Augen verdunkeln ſich.

Kö=

König. Bevor deine schwarze Seele ihre pesti=
lenzische Wohnung verläßt, so entdecke deine Mit=
verschwornen!

Sudn. Herzog von Portey, von Chester, sind
höchst gefährlich; traut Grafen Andley, und Lord
Dorvell nicht; hütet euch vor Lord Brandon.

König. Die ersten dieses Reichs!

Sechster Auftritt.

Herzog von Buckinthal, Graf Westen, die Vorigen.

Buckint. (im Vorgehen) Was kann man noch
von mir verlangen? Was bedeutet dieser Auflauf? —
(da er Sudney erblickt.) Himmel! wer zertrat diese
Schlange? — Todt? — Nein!

Sudn. (streckt eine Hand gegen den Herzog aus)
Buckinthal!

Buckint. Ich verkürze deine wenige Augenbli=
cke, zermalme dich in Staub, wie einen Wurm,
wenn du mir meine geraubte Ehre nicht wieder giebst.

Sudn. Vor dem Könige — und vor dem
ganzen Volke bekenne ich — meine Verrätherey —
Der Herzog ist unschuldig, — ich betrog ihn, —
den König —

Buckint. (zum Volk) Ihr hört es alle!

Sudn. Verzeihung Herzog! — Heinrich! —
Allmächtiger! — Gnade, Gnade! (er stirbt.)

Buckint. Möge dir der vergeben, so, wie ich
mich mit dir versöhne! — seine Seele ist dahin,

O eitler Pomp und Ruhm! was ſind ſie nun für
dich? Ein langes Lebewohl aller deiner Größe.

König. (zu Buckintbal) Herzog! eure Rechtſchaffenheit iſt ohne Beyſpiel; Mann! wenige verdienen dieſen Namen; euch gebührt er ganz —
Auch ich war ein Mann, ein guter Mann, vor-
nehmer, als ihr, und doch betrogen, hintergangen; — weit mehr, als das. (nimmt ihn bey der
Schulter, als wollte er ihn umarmen) Könnte euch
dieſe Rückſicht bewegen, mir eure Freundſchaft, und
Vergebung — für das, was ich that. —

Buckint. (halb in ſeine Arme ſinkend) Herr!
ihr habt nichts gethan.

König. Ich bin euch Genugthuung ſchuldig.

Buckint. Mir nicht, aber euerm Volke; ſchon
lange klagte es über Tyranney und Grauſamkeit,
und alles wurde verſchmähet, alle Vorſtellungen
verworfen, bis endlich ſtille Gährung in Empörung
und Meuterey ausartete, und hier das Opfer zu
euern Füſſen fiel; hätten die Dolche, — die dieſen
Böſewicht tödteten, nicht euch treffen können? wer
hätte die Majeſtät vor einen ähnlichen Falle, auch
eines ſchrecklichen Meichelmords zu ſchützen gewuſt?

König. Ich will verſuchen, alles das Unheil,
ſo dieſer Böſewicht anrichtete, wieder gut zu machen. (zum Volk) Ich verkündige euch, daß ich von
dieſer Stunde an alle neue Auflagen, unter was für
einen Namen ſie auch ausgeſchrieben, gänzlich zer-
nichte, und ſchwöre bey der Majeſtät, deren Stadt-
halter ich bin, daß ich euch gegen alle fernere Er-
preſſung ſchützen werde. Sind einige unter meinem

Vol-

Volke, die wider diesen Mann noch Klagen zu stellen haben, so sey es ihnen erlaubt, selbe vor meinen Thron zu bringen: Heinrich wird von nun an stets euer Vater bleiben.

Volk. Es lebe Heinrich! lebe, lebe! (durcheinander) laßt uns seine Güte ausbreiten: er lebe! er ist unser König wieder. (gehen alle freudig ab.)

Siebenter Auftritt.

König, Herzog von Buckinthal, Westen, Bremvill: Page und Garde bleiben auf der Bühne.

Buckint. Sie jauchzen euch schon Glück zu; ist dieser Jubel nicht schmeichelhafter, als laute Flüche? wie leicht habt ihrs, euch beliebt zu machen? ihr dürft ja nur gerecht seyn, und man betet euch schon an.

König. (zu der Garde) Tragt diesen Leichnam weg! bestattet ihn zur Erde.

Buckint. Keine Trommel wird dabey traurig tönen. (etwelche Mann ergreifen den Leichnam, und tragen ihn ab.)

König. Man setze ihm eine Bildsäule.

Buckint. Eine Bildsäule?

König. Seine Schandthat zu verewigen: ein Bürger zu seiner Rechten, der den Dolch in der Faust —

Buckint. Und ein geschornes zahmes Lamm zu seiner Linken, nicht wahr?

Kö

König. Ach Buckinthal! noch ist mein Kopf nicht, wie er seyn soll! ich werde noch öfters deiner Ermahnung, und immer deines Unterrichts nöthig haben. (zu Graf Westen) Kündet Lord Kanzler, Lord Dorvell, Herzogen von Chester, Port = und Andley Verhaft an! euch übertrag ich die Untersuchung von Sudneys Verbrechen: forschet allem genau nach; (zu Buckinthal) ihr müßt euch reisfertig machen.

Buckint. Wohin?

König. Nach Spanien; das Geschäft meiner Trauung werde ein neuer Beweis eurer Staats= klugheit!

Buckint. Die Sache ohne Nachtheil der Ma= jestät zu wenden.

König. Es bedarf's.

Buckint. Der Himmel laß es nimmermehr dahin kommen!

Alle. Nimmermehr!

Ende des Trauerspiels.

Jo=

Johann Hennuyer,

Bischoff von Lizieux.

Ein Drama

in drey Aufzügen.

Aus dem Französischen

des Herrn von Voltaire.

Hamburg und Güstrov, 1791.

Perſonen.

Johann Hennüyer, Biſchoff von Liſieux.

Der Commendant zu Liſieur.

Simon, Großvicarius des Biſchofs.

Der Pfarrer zu Liſieux.

Ein Haufe Prieſter.

Ein Haufe Officiers.

Der alte Arſenne, Einwohner von Liſieur.

Arſenne, deſſen Sohn, Gemahl der Laura.

Laura, Schweſter des Eberhard.

Eberhard, Einwohner zu Paris.

Suſanna, Freundin der Laura und Verwandte
des Arſenne.

Clerard.

Thevenin.

Menancourt.

Dugas.

Ein Haufe Proteſtanten.

insgeſammt Proteſtanten.

Die Scene iſt in Liſieux. Die Handlung geht den
27ſten Auguſt 1552 vor ſich.

Er

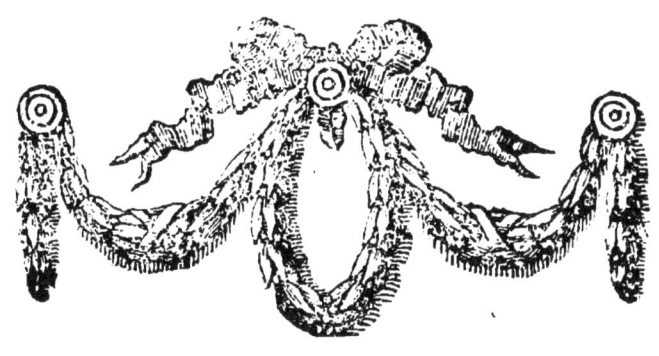

Erster Aufzug.

Das Theater stellt das Zimmer der Laura vor,
worin ein grosser Schrank geöffnet steht.

Erster Auftritt.

(Laura legt verschiedene Kleider und Wäsche zurecht. Sie
betrachtet mit Vergnügen ein prächtiges Mannskleid.)

Laura (allein.)

Dies Kleid trug er an dem Tage, der unsre Wünsche krönte! Geliebter Gemahl, mich dünkt, ich sehe
dich — Und diese Scherpe — Wie schön war er
nicht! (Sie küßt die Scherpe und drückt sie an sich. Sie
nimmt ein kleines Kästchen, worin Briefe und Edelgesteine sind) Ihr, theuren Briefe, ihr seyd mein Kleinod! (Sie liest, und seufzt, indem sie lächelt und einige
Edelgesteine betrachtet) Liebenswürdig in allem, man

er-

erkennt ihn sogar an seinen Geschenken! (Sie nimmt
einen Ring in die Hand.) Ein Jahr ist es, als ich
dies erste Pfand der Liebe empfieng, ich zitterte noch
und wir durften nicht einmal hoffen — Wer hätte
mir damals vorher gesagt, daß sechs Monate nach=
her — Wie doch diese Zeit verschwunden ist! Für
mich hat sie nur einen Augenblick gedauret — Ja,
aber diese acht Tage Abwesenheit, diese acht Tage
scheinen mir Jahre zu seyn — Er müste doch nun
schon zurückgekommen seyn — Wie verlangt mich
nach ihm! Komm zurück mein liebster Arsenne,
komm zurück! Deine zärtliche Laura fühlt zu sehr,
daß sie ohne dich nicht länger leben kann — (Sie
horcht) Jeden Augenblick glaube ich ihn zu hören,
stets find' ich mich betrogen. (Sie verschließt das
Kästchen, öfnet es aber gleich wieder und nimmt einen
Brief heraus) Diesen Brief muß ich noch einmal
lesen. (Sie drückt den Brief an ihren Busen) Welch
eine Seele! welche naife Freude! welche Wahrheit!
(Man klopft, Laura wirft alles an die Erde, sie stößt
einige Stühle um, und läuft ganz bewegt nach der Thü=
re, öffnet sie und ruft ganz ausser Athem) Ach er ists!
er ists!

Zweyter Auftritt.
Laura, Susanne.

Laura. (indem sie Susannen sieht, tritt sie mit
einer betroffenen und traurigen Miene zurück) Wie!
sind sie es Susanne?

Sus=

Susanne. (etwas bestürzt) Meine Freundin,
woher kömmt diese betrübte Verwunderung? Ist
Ihnen meine Gesellschaft zuwider?

Laura. (indem sie sich wieder in Ordnung setzt)
Nein, nein, geliebte Base. Verzeihen Sie, ich
glaubte, es wäre mein Gemahl — er ist noch nicht
angekommen, urtheilen Sie von meinem Kummer.

Susanne. Müssen Sie sich denn um einen Tag
länger auszubleiben so sehr beunruhigen?

Laura. Wie, um einen Tag? — Rechnen Sie
das für einen Tag, seit Ehegestern um 2 Uhr, denn
da hat er mir versprochen in Lizieux zu seyn. Wir
sind ihm entgegen gegangen, wir mußten aber allein
zurückkehren.

Susanne. Hat man Ihnen denn, liebste Base, gestern Abend nichts gesagt, um Sie über den
Aufschub seiner Reise zu beruhigen?

Laura. Ach hätten Sie je geliebt, theureste
Freundin, so wüßten Sie, daß uns Worte nicht
beruhigen.

Susanne. Sie müssen indeß doch Gründe an-
nehmen — Man kann ja nicht von Paris abreisen,
wenn man will. Bedenken Sie, daß ihre ganze
Familie und ein grosser Theil der Seinigen da wohnt,
ein Besuch bey diesem, bey einem andern ein Geschäft, und — wie bald sind nicht zwey bis drey Tage
vorbey!

Laura. Wenn er meine Unruhen fühlte, nichts
würde ihn aufhalten können.

Susanne. Sehen Sie, wie die Freude doch
immer mit etwas Schmerz gemischt ist. Sie haben

G   sich

sich das Vergnügen gemacht, sie sind nach Paris ge=
reißt, um die prächtige Vermählung der Tochter von
Medicis mit dem König von Navarra feyren zu sehen.
Sie wollten Zeuge seyn von dieser Verbindung, wel=
che unsre Aussöhnung mit den Catholiken befestigt —
Wie glänzend muß das Fest nicht gewesen seyn!
Welche Heiterkeit mag in allen Gesichtern geherrscht
haben! Niemals hab' ich bedauret allein gewesen zu
seyn, als bey dieser Gelegenheit, weil ich keinen
Mann hatte, wie Sie, mit dem ich diese kleine Reise
machen konnte — Freylich so lange man unverhey=
rathet ist, muß man zu Hause bleiben.

Laura. Alle diese so gerühmte, so prächtige Fe=
ste, glänzen wahrlich in der Ferne und in den Er=
zählungen, die man davon macht, weit besser, in
der Nähe sieht man wenig. Der Aufruhr und das
Geräusch betäuben uns, und das Herz bleibt kalt.
Das angenehmste, was diese Feste für mich gehabt
haben, ist, bey der Gelegenheit meine geliebten El=
tern wieder zu sehn. Ich habe ausserdem noch das
Vergnügen gehabt einen Bruder mit zu bringen, den
ich liebe, und der der beste Freund meines Mannes
ist.

Susanne. Ohne Zweifel ist er sein bester Freund.
Sie sind nicht vergnügter als wenn sie bey einander
sind. Es ist eine so seltene als reizende Einigkeit
unter ihnen.

Laura. Bisher ist sein Herz noch frey gewesen,
ich wünschte aber recht sehr, daß ein Mädchen in
Lizieux es rühren, und ihn beständig in dieser Stadt
zurückhalten könnte, so wie Arsenne mich hat zu fes=
sein

feln gewußt. (fie wirft einen Blick auf Sufannen.)
Verstehen Sie mich, liebfte Sufanne? Warum er=
röthen Sie? — —

Sufanne. (mit niedergefenktem Kopfe.) O mei=
ne Freundin, davon laffen Sie uns ein andermal
reden, wenn es ihnen gefällig ift.

Laura. Sie fetzen ein Mißtrauen in die Liebe,
theurefte Sufanne, und Sie haben nicht ganz un=
recht; aber ich verfichere Sie, wenn die Liebe zwo
edle Seelen feffelt, fo muß fie das Glück derfelben
vermehren.

Sufanne. Sie haben fie nun gefunden, diefe
edle Seele, die fo fehr mit der ihrigen übereinftimmt;
ich darf mir aber nicht fchmeicheln, eben fo glücklich
zu feyn. Zwo glückliche Ehen find zu felten, als
daß man hoffen könnte fie in einem Jahre zu fehen.

Laura. Warum liebfte Bafe? — Das Ge=
heimniß glücklich zu feyn, beftehet darin, fich recht
zärtlich zu lieben; alsdenn bildet fich alles von felbft
nach unfern Wünfchen. Es ift eine Süffigkeit die
die Mühfeligkeiten des Lebens vertilgt, das Herz
des einen ift in dem Herzen des andern, man denkt
zufammen, man handelt zufammen, und häufig er=
eignet es fich, daß man Willens ift eine Sache zu=
gleich zu fagen. Welche fanfte Ergieffungen der
Herzen! Welch Zutrauen! Welch ein Kreis von
glückfeligen Stunden! Gewiß das Leben ift nur koft=
bar für zwey Eheleute, die fich lieben, und heute
noch wollte ich lieber das Leben verlieren als diefe
köftlichen Empfindungen.

Sus

Susanne. Aber eben diese Furcht ein Herz, das mich geliebt hätte, zu verlieren, macht daß ich mich für einer so ernstlichen Verbindung fürchte. Wie viele Bekümmernisse sind nicht gleich bey dem kleinsten Unglück, bey einer kurzen Trennung! — Sie sehen es an sich selbst. Sie reisen mit Arsenne einige Tage nach Paris. Im Augenblick der Abreise halten ihn Geschäfte wider seinen Willen zurück. Er läßt Sie, von ihrem Bruder begleitet, abreisen; er bleibt etwas länger aus, als er versprochen hat; und sehen Sie, welche grausame Unruhen, welche schmerzhafte Angst Sie empfinden; gestern glaubte ich noch, Sie würden sie nie verlieren. Sagen Sie mir nun, sind durch solche Unruhen nicht alle ihre Freuden genugsam bezahlt?

Laura. O nein! meine Freundin nein! Es ist wahr, die Abwesenheit ist bitter; aber auch die Zurückkunft, die Zurückkunft! — Ach liebste Susanne, wie sehr eilt mein Herz ihm entgegen! Sie kennen ihn, wer kann besser davon urtheilen, ob er es verdient weniger geliebt zu seyn? Eine sich stets gleiche Güte des Herzens, ein glücklicher Carakter, eine freye Munterkeit, was hat er nicht für Tugenden! — Mein Bruder gleicht ihm sehr, möchte er ihnen doch eine gleiche Liebe einflößen können!

Susanne Lassen Sie uns von dem reden, was Sie zu Paris gesehen haben, liebste Base. Sie haben mir nur so kurze Beschreibungen gemacht, daß ich nicht ganz damit zufrieden bin — Seit ihrer Zurückkunft kann man Sie weder recht genießen, noch Sie nach Wunsche reden hören — Sie kommen stets
auf

auf die Vergnügungen der Ehe zurück. Giebt etwa die Abwesenheit des Gemahls ihr neue Reize?

Laura. Wie grausam sind Sie! Warum soll man denn nicht beständig von dem reden, was man liebt?

Dritter Auftritt.

Laura, Susanne, ein Bedienter.

Der Bediente. Madam, der alte Herr Ve= senne will herunter kommen, um mit ihnen zu früh= stücken —— Er sagt, daß er in ihrer Gesellschaft seinen Sohn erwarten wollte.

Laura. (steht vergnügt auf, zur Susanne) Kom= men Sie, wir wollen ihm entgegen gehen — Der würdige Alte! ich verehre ihn so sehr, als ich ihn liebe.

Susanne. (laut) Ach da ist er schon, der lie= be Mann!

Laura. Er hat seinen Stock nicht, liebe Ba= se— Wir wollen ihm gehen helfen —— Ich fürch= te stets für sein Alter. (Sie gehen ihm entgegen, wäh= rend der Zeit bringt man einen Tisch, auf welchen das Frühstück gesetzt wird, auf die eine Seite. Wein, und auf die andre Milch.)

Vier=

Vierter Auftritt.

Der alte Arsenne, Laura, Susanne.

Arsenne. Guten Morgen! meine liebe Tochter.
Und du Susanne, auch schon da? — Du bist früh
bey der Hand — es freuet mich — ich wünsche dir
Glück dazu und bin dir ihretwegen dafür verbun=
den — — (er setzt sich.) Wie freue ich mich, euch
bey einander zu sehen! — Womit unterhaltet ihr
euch, meine liebenswürdigen Kinder?

Susanne. Mit allem, was sie merkwürdiges
in Paris gesehn hat. O wenn wird doch einmal die
Reihe an mich kommen, diese grosse Stadt zu sehen?

Arsenne. Bald, bald meine Nichte. Wir wol=
len indeß beym Frühstück davon plaudern. (zu Lau=
ren) Ich mag gern, wenn man was erzählt, und
ich werde nicht müde dir zuzuhören. (Er entdeckt et=
was Traurigkeit an ihr) Nun, noch traurig und
nachdenkend?

Laura. (indem sie sich zum Lächeln zwingt) Nein,
liebster Vater, nein!

Arsenne. Ich muß es dir sagen meine liebe
Laura, du machtest mir gestern viel Kummer; du
wünschtest beym Weggehen mir einen guten Abend
mit einem Tone — — ich wandte mich mehr von
dir, um dir meine Thränen zu verbergen, als die
deinigen zu vermeiden. Ich habe die ganze Nacht
deinetwegen nicht schlafen können. Das arme Kind!
sagt' ich alle Stunden, sie kümmert sich um meinen

Sohn,

Sohn, sie wacht und weint. Deine Furcht hat mich sehr beunruhigt.

Laura. Möchte sie doch bald verschwinden mein Vater.

Arsenne. O ich mag gar nicht gern, daß man sich so bezeigt. Muß man sich denn, um sich zu lieben, mit tausend schimaerischen Schrecken quälen, und sich um einige Stunden des Ausbleibens so viel Unglück im Kopf setzen — Du, die Verstand besitzt, dich erkenne ich hierin nicht mehr — Nun laßt uns frühstücken!

Laura. Warum ist er denn nicht wenigstens durch eine kleine Nachricht meinen Unruhen zuvorgekommen?

Arsenne. Ja wahrhaftig! wenn ich dein Mann gewesen wäre, du hättest ewig weinen müssen. Ich, der ich mit dir rede, habe verschiedene Jahre leben müssen, ohne daß ich nur einmal das Glück hätte genießen können, meine Frau oder meinen Sohn zu umarmen. Wahr ist's, ich dachte noch mehr daran, während daß ich in diesen bürgerlichen Kriegen die Waffen führte, die Rechte meiner Familie zu vertheidigen, als sie wieder zu sehen. — Sey ruhig meine Tochter! Der Friede ist, dem Himmel sey gedankt, geschlossen; wir wollen alle vergnügt seyn. Gieb acht, noch vor Abends hat uns mein Sohn alle umarmt. Ich stehe dir dafür.

Laura. Ich hoffe es sehr, aber gestern sagten sie eben dasselbe.

Arsenne. Heute aber sollst du's sehn — Ist Eberhard schon ausgegangen?

Laura.

Laura. (zum Bedienten) Habt ihr meinen Bru=
der gesehn?

Der Bediente. Er ist sehr früh ausgegangen,
Madam, um einen Spaziergang in die Stadt zu
machen; er sagte im Weggehen, daß er vieleicht
vor das Thor gienge, seinem Herrn Schwager ent=
gegen, um zu sehen, ob er nicht käme.

Arsenne. Die lieben Kinder! Ich seh' es von
hier, wie sie sich auf der Landstrasse umarmen mit
warmen Herzen — Auf ihre Gesundheit. (Er trinkt)
Ist nicht Eberhard ein vortreflicher junger Mann,
meine Nichte?

Susanne. Ja mein Onkel. Nun Base neh=
men Sie doch ihre gewöhnliche Munterkeit wieder
an; erzählen Sie uns was von ihrer Reise. Ich
habe niemals Paris gesehn, und ich bin äufferst be=
gierig, alle Beschreibungen, die man davon macht,
zu hören. Ich glaube, man findet nur daselbst alles
Schöne und Bewundernswürdige beysammen.

Arsenne. Beynahe bedaure ich, daß ich nicht
mit euch gewesen bin, aber in meinem Alter scheuet
man die Unruhen. Ich habe so viele Feste in meiner
Jugend gesehn. Ueberdem ist mein Sohn ja da ge=
wesen, und das ist eben so gut, als wenn ich selbst
da gewesen wäre — erzähle mir doch alles, was
mich interessirt. Ihr seyd zusammen bey dem Ad=
miral Coligny gewesen, das mußt du mir alles wie=
dererzählen. Man hat euch ihm vorgestellt, nicht
wahr? Nu was sagte denn mein Sohn von ihm?
Das ist ein tugendhafter Mann, ein grosser Ge=
neral und ein würdiger Patriot — — — ich habe

un=

unter ihm gedienet, wir kennen einander sehr gut.
Einmal — — doch das würde uns zu weit füh=
ren, erzähle nur!

Laura. Er sprach von Ihnen, mein Vater,
mit einer besonders zärtlichen Freundschaft. — Er
saß damals in seinem Bette. Welche Ehrfurcht flöß=
ten uns seine ehrwürdigen Gesichtszüge ein! Wir be=
netzten die Hand, die er uns reichte, mit Thränen.

Arsenne. Was? Ist denn der Meuchelmörder,
der ihn verwundet hat, noch nicht entdeckt?

Laura. Man verfolgt ihn, wurde uns gesagt.
Wie wir hereintraten, sahen wir die Medicis und
den König von ihm weggehen. Er hatte Zeichen ei=
ner ausserordentlichen Zuneigung empfangen. Er
war damals ganz heiter, ohne Fieber und Unruhen,
er versicherte auch, daß er sich ziemlich wohl befände.

Arsenne. Gott wache über seine Tage! Er ist
die stärkste Stütze unsrer unglücklichen Parthey. Unsre
Vertheidigung war ohne Zweifel gerecht — Denn
was bliebe sonst dem Menschen übrig, wenn man
ihm auch die Freyheit zu denken rauben wollte? O!
Ihr Catholiken, ihr meine Landsleute, erkennen wir
denn nicht Einen Gott? Wozu haben doch so viele
grausame Treffen genußt? Lernt man denn durch
Zerfleischung seiner Brüder den Schöpfer besser ver=
ehren? Es war eine Zeit, wo ich, traurig über die
Verwüstungen dieses bürgerlichen Kriegs, wünschte,
daß wir alle Catholiken werden könnten. Aber kann
man gegen sein eigen Gewissen handeln? Steht es in
unsrer Macht, einen Glauben öffentlich zu bekennen,
den wir im Herzen verwerfen? Man müßte ja ein

Be=

Betrüger, ein Heuchler, ein Lügner werden; und
denn ist es besser zu streiten und zu sterben. Aber
um Verzeihung meine Tochter — ich unterhalte euch
mit Bataillen — Ein alter Mann, der gedient hat,
ist diesem Fehler sehr unterworfen. Laß uns lieber
von der grossen Vermählung reden, wovon du ein
Augen=Zeuge gewesen bist. Es war da wohl alles
sehr prächtig.

Susanne. Was mag das für ein Glanz gewe=
sen seyn! Die ganze Welt sagt, daß da ein Ueber=
fluß von Pomp und Kostbarkeiten gewesen wäre —
Aber sahen die Vermählten auch sehr vergnügt aus?

Laura. Wenn ich es sagen soll, so habe ich un=
ter dieser äusserlichen Pracht keine wahre Freude ent=
deckt. Eine bürgerliche Hochzeit ist mir immer ver=
gnügter vorgekommen. Diese prachtvollen Zuberei=
tungen dienen nur den Ueberdruß zu verstecken. Alles
ist da, ich weiß nicht welchem Zwange unterworfen.
Man beobachtet das Etikett sehr pünktlich und ver=
liert die Heiterkeit darüber. Die Heiterkeit muß dort
dem Etikette ganz zuwider seyn. Nein! die Ver=
mählten sahen nicht vergnügt aus, wie ich glaube.
Und der größte Theil von den Phisionomien der Hof=
leute mißfiel mir. Die Medicis hatte einen finstern
Blick, und Carl der 9te kam mir wie der Page sei=
ner Mutter vor. Ich weiß es nicht, aber ich finde
an ihm nicht diesen Edelmuth, diese leutselige Würd=
de, die einen König auszeichnet. Der Prinz von
Bearn zum Beyspiel — —

Arsenne. Sie wollen sagen der König von Na=
varra.

       Laura.

Laura. Ja mein Vater.

Arſenne. (mit aufgeheitertem Geſicht) Nu! Was denn?

Laura. Ach der hat eine Miene die der ganzen Welt Ehrfurcht einflößt — eine offene Stirne, die uns Zutrauen giebt — — Züge, welche die Gröſſe und Güte der Seele mahlen. Auſſerdem hat er ein gewiſſes verliebtes Weſen, das niemand mißfällt. Ach ich wünſchte recht ſehr, einen Prinzen von einem ſolchen Carakter auf dem Throne von Frankreich zu ſehen.

Arſenne. Mit einem ſolchen Miniſter wie Coligny! nicht wahr meine Tochter?

Suſanne. Die Herren Catholiken würden aber bey ihren Einrichtungen vieleicht ihre Rechnung nicht finden.

Arſenne. Ich bin gewiß überzeugt, daß Coligny kein Verfolger ſeyn würde, und der König von Navarra ihnen die Freyheit ließe, die ſie uns rauben wollen. Wenn man die Ungerechtigkeit hätte, ſie zu zwingen; ſo würde ich der erſte ſeyn, der ihre Rechte vertheidigte. Doch was ſage ich? Es ſind uns ja keine Wünſche mehr übrig. Auf das Ungewitter iſt die Ruhe gefolgt. Der Friede iſt am Altare geſchloſſen, er hat die feindſeligen Partheyen ausgeſöhnt. Alles verſpricht uns auf die Zukunft ſowohl ruhige als beglückte Tage.

Fünf-

Fünfter Auftritt.

Die Vorigen, Eberhard (kommt herein mit eis
ner verwirrten und tiefsinnigen Miene.)

Laura. (welche mit Heftigkeit aufsteht) Mein
Bruder! — Schon zurück, und ohne meinen Ge=
mahl? —

Eberhard. Guten Morgen meine liebe Laura.

Laura. Bist du ihm weit entgegen gegangen,
mein Bruder?

Eberhard. (mit niedergeschlagenen Augen) Weit
genug, liebe Schwester.

Laura Wie, du bist ihm nicht begegnet, we=
ter ihm — noch jemand, der ihn gesehn hat?

Eberhard. Niemand.

Arsenne. Sie müssen wohl sehr hungrig seyn —
setzen Sie sich und frühstücken Sie. —

Eberhard. Ich habe keinen Appetit.

Susanne. (zum Eberhard) Aber, was fehlt
ihnen denn?

Laura. Was giebt es denn, liebster Bruder,
du bist ja so verändert?

Eberhard. (unruhig) Ich?

Arsenne. Er wird noch nicht gefrühstückt ha=
ben — und die Morgenluft —

Laura. (die ihn starr ansieht) Was fehlt dir
denn?

Eberhard. (der sich zwingt, ruhig zu scheinen)
Nichts fehlt mir, liebste Schwester, nicht das min=
deste sage ich dir, nichts!

Ar=

Arsenne. (nachdem er ihn recht untersucht hat,) Sie sind in der That etwas blaß. Man muß niemals nüchtern ausgehen, hören Sie wohl; trinken Sie aber nur ein gut Glas Wein, das wird Ihnen helfen. (Er schenkt ihm Wein ein.)

Eberhard. (nähert sich dem Arsenne und sagt ihm ins Ohr) Wollen Sie mir nicht einen Augenblick erlauben? ich wünschte, mit Ihnen ins Geheim zu reden.

Arsenne. Ins Geheim?

Eberhard. Ja, lassen Sie uns in ein ander Zimmer gehen, ich bitte Sie.

Arsenne. Jetzt gleich?

Eberhard. Ja, den Augenblick; aber besonders ohne uns was merken zu lassen.

Arsenne. Gehen Sie voran, ich folge Ihnen — doch nein, lassen Sie mich nur machen, (indem er aufsteht) ich komme wieder, meine Tochter, ich muß nur einen Augenblick weggehen.

Laura. (läuft nach der Thür) Wo wollen Sie hin, mein Vater? Eberhard, wo willst du hin? Ich bin des Todes — Dein Ansehen, der Ton deiner Stimme — Ach, mein Gott, was mag ihm doch wohl begegnet seyn? Was hast du denn gehört?

Eberhard. Nichts, sag ich dir — — sey doch ruhig, liebe Schwester.

Laura. Nein, ich kann es nicht seyn — — Warum entfernt ihr euch von mir? ich glaube dir nichts mehr, und ich fürchte alles.

Eber-

Eberhard. Kann ich denn keine Sache haben, die ich ihm allein sage? Und worüber beunruhigst du dich denn so?

Laura. Worüber, mein Bruder? Dein Gesicht verräth dich —— Gehe, du kannst alles sagen, nachdem du mich so in Schrecken gesetzt hast.

Eberhard. (unruhig) Ach! was soll ich dir denn sagen, meine Schwester?

Sechster Auftritt.

Die Vorigen, Menancourt.

Menancourt. Mein lieber Eberhard, ist Arsenne schon zurück? — Wissen Sie? — Wir sind alle in Schrecken — Mein Vater schickt mich her — ich wollte Sie um Neuigkeiten bitten.

Eberhard. (welcher ihm vergebens einige Zeichen macht) Mich! um Neuigkeiten?

Menancourt. Ja, Sie sind vor der Stadt gewesen — Man hat mir gesagt, sie hätten auf dem Wege von einem Unglück gehört, das in Paris vorgefallen ist.

Laura. Ein Unglück! — zu Paris! Mein Gott, was für ein Unglück!

Susanne. (welche sie unterstützt) Ach, liebste Freundin, warum erschrecken Sie denn gleich so?

Arsenne. (zum Eberhard) Reden Sie, Eberhard, denn die Furcht vergrössert die Uebel, und

ihre

ihre so entzündbare Einbildungskraft stellt ihr das
äuserste Unglück vor. Es kann nicht das mindeste
davon wahr seyn — Reden Sie —

Eberhard. Wohlan! Es würde doch unnütz
seyn, Ihnen was zu verhehlen, und ausserdem drückt
die Last mein Herz zu sehr — Hören Sie also —
(Er hält inne.)

Arsenne. Fahr fort, Eberhard, du stockst —
fahr fort.

Eberhard. Ich zittre, ich kann es nicht aus=
sprechen. (Er faßt einen jeden bey der Hand und sagt
mit gebrochener Stimme) Man spricht von einer ent=
setzlichen Verrätherey —

Laura. Welche Verrätherey?

Eberhard. Man sagt, daß dieser so heilig ge=
schlossene Friede, welcher unsre Brüder sicher mach=
te, auf die abscheulichste Weise gebrochen ist. Man
spricht von nächtlichen Ueberfällen, von Gewaltthä=
tigkeiten und Meuchelmorden. Einige sagen, daß
unsre Brüder in ihren Betten erwürgt sind, andere,
man habe ihre Häuser angezündet. Der Admiral
selbst soll auf Ordre des Königs in seinem Pallast
umgebracht seyn.

Arsenne. (welcher seine Hand mit Hitze aus Eber=
hards seiner losreißt, und mit einem heftigen und lauten
Ton sagt) Auf Ordre des Königs! Coligny! Glaubt
es nicht! Glaub es nicht, meine Tochter! das ist
unmöglich! — Auf Ordre des Königs! Hat er uns
nicht sein Wort gegeben? Haben wir nicht auf seine
Versicherung allen Verdacht fahren lassen? — Wer
kann doch solche Lästerungen erdenken, und ein Ver=

gnü=

gnûgen daran finden, sie auszubreiten? — Eber=
hard, hat Ihr Herz das glauben können, und wie
untersteht sich Ihr Mund, es wieder zu erzehlen?

Eberhard Ich habe unter unsern Feinden ge=
lebt. Ich habe diesen Hof in der Nähe gesehn, und
ich weiß zu gut, was man von ihm erwarten kann.

Laura. O meine traurigen Ahndungen; sollt
ihr also die Vorbothen von dem Unglück meines Le=
bens seyn? — Susanne, verlaß mich nicht.

Arsenne. Meine Tochter, können Sie es glau=
ben —

Laura. Ach, wenn ich es glaubte; so hätte
ich schon aufgehört, zu leben.

Arsenne. (mit Hitze) Kurz und gut! solche Un=
geheuer existiren auf der Oberfläche der Erde nicht!
Ein König von zwey und zwanzig Jahren umarmt
nicht seine Unterthanen, ladet sie nicht zu öffentlichen
Festen ein, um sie am Ende zu ermorden — Was,
so viel Versprechungen! So viele Versicherungen der
Güte, wären nur eine List gewesen, um desto siche=
rer den Dolch in unsre Herzen zu stoffen?

Eberhard. Möchte doch diese abscheuliche Nach=
richt bald zur Lüge werden! — ich bin in einem
grausamen Zustande — ich kenne mich kaum — —
Geliebtester Arsenne, mein Freund, wir sind ohne
dich abgereist, wir haben dich mit unsrer Mutter in
dieser unglücklichen Stadt zurückgelassen — und —

Susanne. (leise zum Eberhard: Unvorsichtiger!
Schonen Sie doch ihrer Empfindlichkeit!

Laura. Lieber Bruder, auf die Art suchst du
mich zu beruhigen?

Eber=

Eberhard. (zur Laura) Um Verzeihung, meine Schwester, ich dachte nicht an dich — Wir wollen lieber einem so erfahrnen Vater glauben. Dies Gerücht wird sich bald ohne Grund zeigen. Du sollst bald deinen Gemahl und ich meinen Freund wieder sehen.

Laura. Grausamer! Mit welchem Ton tröstest du mich! — Du möchtest mir gern Hoffnungen machen, die dir fehlen — Geh! Nichts wie seine Gegenwart kann mich beruhigen.

Eberhard. (mit heimlichen Schauder) Der Himmel würde ja diese abscheulichen Grausamkeiten nicht zugelassen haben!

Arsenne. Nein — Nein! Seyd ruhig, meine Kinder! Man ist niemals mit kaltem Blute mitleidslos und grausam. Ich habe unsre Feinde gesehn, wie sie das Schwert auf unsre Köpfe hoben; aber das war im Angriff bey Schlachten. Ich habe sie zu tapfer bey Jarnac, bey Moncontour, auf den Ebenen bey St. Denis gekannt, als daß sie so bald niederträchtige Meuchelmörder werden könnten. Wer hat sich doch unterstanden, eine so abscheuliche Geschichte zu erdenken? Welcher finstre Bösewicht hat ein Vergnügen daran finden können, durch diese unsinnigen und blutigen Gemählde die Herzen seiner Mitbürger in Schrecken zu setzen? Wie oft habe ich nicht gesehn, daß Kleinigkeiten, Kindereyen, ein ganzes Reich in Aufruhr gesetzt haben. Ist es denn überdem das erstemal, daß : durch falsche Gerüchte hintergangen seyd?

H **Laura.**

Laura. Ach, die unglücklichen Gerüchte haben sich noch fast alle bestätigt.

Arsenne. (zum Eberhard) Von wem haben Sie denn aber eine so abgeschmackte Nachricht?

Eberhard. Türinge, dem ich begegnet bin, ist der erste, der mich in Schrecken gesetzt hat. Dugas, Clevard und mehrere von den unsrigen haben eben dasselbe gesagt.

Laura. Mehrere! — Mein Vater! Mehrere! O Himmel, es wird wahr seyn!

Arsenne. Ich gehe den Augenblick weg, meine Tochter. Ich leide zu viel, dergleichen Unterredungen anzuhören. Ich werde wissen, bey wem ich mich erkundigen soll; ich werde bis zur Quelle zurückgehen, und ich hoffe euch bald zu überzeugen, daß dies Gerücht nicht allein falsch, sondern sogar von aller Wahrscheinlichkeit entblöst ist.

Laura. Ich will mit ihnen gehen mein Vater — überallhin — — Susanne wird mich begleiten.

Arsenne. (mit Nachdenken) Nein, bleib meine Tochter, wir kommen wieder zurück — Hüte dich aber deinem Schmerz Gehör zu geben, und bedenke, daß er die Natur und die Menschlichkeit beleidigt.

Laura. Ach wer kann wohl unterlassen zu seufzen, nachdem was wir gehört haben? Arsenne! geliebter Arsenne!

Arsenne. (indem er sie bey der Hand faßt) Ach! meine geliebte Tochter, wenn ich dies glauben könnte, was sollte ich alsdenn noch auf der Erde machen? Alsdenn hätte ich zu lange gelebt, und ich wünschte auf dieser Stelle, indem ich deine Hand

drücke,

drücke, und den Namen meines unglücklichen Sohnes
ausspreche, zu sterben!

Siebenter Auftritt.

Die Vorigen, Thevenin, ein Haufe Prote=
stanten.

Thevenin. Ehrwürdiger Arsenne, wir sind alle
in der äussersten Bestürzung. Ist das Unglück wahr?
Wo ist ihr Sohn? Wenn er doch käme, er könnte
unsre Schrecken stillen — Sie vermehren sich, je
länger sie währen.

Arsenne. Meine Herren, glauben sie nur, daß
alle diese Nachrichten aus einer dunkeln Quelle flies=
sen, und lassen sie uns nicht Mitschuldige eines Ge=
rüchts werden, woraus man uns in der Folge ein
Verbrechen machen könnte.

Thevenin. Diese Nachrichten haben sich schon
sehr vervielfältigt. Sie scheinen von mehrern Orten
zu kommen und sich glücklicher Weise zu widerspre=
chen.

Arsenne. (lebhaft) O das glaub' ich wohl.
(zur Laura) Hörst du meine Tochter, diese Nach=
richten widersprechen sich. Bald werden sie ganz
im Rauch aufgehen.

Thevenin. Das gebe Gott! — Ich habe mei=
nen Enkel zu Paris — Er ist mir sehr theuer.

Ein Protestant. Ich habe da meinen Vater.

Ein andrer Protestant. Ich meinen Bru=
der.

Noch

Noch ein andrer. Ich habe meine Kinder eben dahin geschickt.

Eberhard. (einen davon umarmend) · Ach wie unglücklich sind wir! Wird das Schrecken alles seyn, was wir leiden müssen?

Arsenne. Meine Freunde, wir müssen uns nicht der Verzweiflung muthwillig in die Arme werfen. Wir haben noch keine Gewißheit. Einen Augenblick noch, und wir werden uns gewiß Vorwürfe über unsre Furcht machen. Ich eile, mich von allen dem zu unterrichten, was uns völlig von derselben be=freyen kann. Ich will mich auf die Landstraße bege=ben, und alle Ankommende fragen, und sie werden erröthen, so was geglaubt zu haben.

Laura (indem sie ihren Arm Arsenne reicht) Ich begleite sie, mein Vater. Ich verlasse sie nicht. — Wir wollen hören, was der Himmel über unser Schicksal beschlossen hat; aber ach! wenn er nicht meine Schritte leitet, so komme ich nie wieder in diese Stadt.

Ende des ersten Aufzugs.

———————

Zwey=

Zweiter Aufzug.

Erster Auftritt.

Laura, Susanne.

(Laura kömmt, blaß, mit verwirrten Haaren, die Augen voller Thränen, die Arme ausgestreckt, und gen Himmel erhoben; sie stürzt herein in einer Art von Verzweiflung. Sie sinkt auf einen Lehnstuhl nieder, und läßt ihren Leib über eine von den Lehnen herabhangen. Susanne folgt ihr, kniet vor ihr nieder und umarmt sie, um sie zu sich selbst zu bringen. Laura senkt ihren Kopf nieder an Susannens Busen, und bleibt unbeweglich in einem schmerzhaften Stillschweigen.)

Laura.

Laß, laß! deine Sorgfalt ist vergebens — Es ist Zeit, daß ich sterbe — — Meine Mutter — — Mein Gemahl — du hast es gehört — — weder Geschlecht, noch Alter ist geschont! — Nur in ihrem Grabe ist Ruhe zu finden — Es ist um mich geschehen, alles, alles ist für mich verlohren! (Nach einem langen Stillschweigen.) Gott! du weißt, für wen ich dich anflehe! — — Ist er nicht mehr, oder hast du ihn dem Schwerdte der Meuchelmörder ent-

H 3

entriſſen? — Ach, wenn du es gethan hätteſt! Tauſendfachen Dank wollte ich dir ſagen. — — Alle andere Schmerzen, die bängſten, die ſchrecklichſten will ich gern dulden; nur mit dieſem Schmerz, o mein Gott! würdige mich zu verſchonen. (Sie fällt, vom Schmerz betäubt und ſtumm, in den Stuhl zurück.)

Zweyter Auftritt.

Die Vorigen, der alte Arſenne, Eberhard, Thevenin.

(Der alte Arſenne, vom Thevenin unterſtützt, kömmt, Eberhard folgt ihm, mit langſamen Schritten gehen ſie bis zur Laura. Sie bleiben ſtehn, und betrachten ſie alle drey, mit tiefem Stillſchweigen.)

Der alte Arſenne. Möchte mich doch der Schmerz bald dieſer Welt entreiſſen! — — Blutige Erde! — — Entſetzlicher Tag! — — Ich verlaſſe euch. Wer würde wohl ſolche Grauſamkeiten überleben wollen — — Ach in dieſem Augenblick ſeufze ich mit Recht darüber, zu lange gelebt zu haben!

Laura. O meine Mutter! — O meine Verwandte! — — O du, um den die Angſt mir noch das Herz brechen wird! — —

Der alte Arſenne. Laß uns ſterben, meine Tochter, laß uns ſterben! Wir wollen unſern Brüdern nachfolgen, die man ſo niederträchtigerweiſe ermordet hat. Frankreich, mit ihrem Blut benetzt,

iſt

ist nicht mehr unser Vaterland. — Empfangt mich
in euren Wohnungen, erhabne Märtyrer unsrer Religion. Und du heiliger Schatten des Coligny verzeihe, daß ich meinen Sohn eher als dich beweint
habe.

Laura. Alles, was mir theuer war, ist gewiß
nicht mehr, und ich kann doch nicht sterben. — —
O Qual! — —

Eberhard. Warum blieb ich doch nicht zu Paris? Ich hätte sie vertheidigt, ich wäre an ihrer
Seite gestorben, und wäre dann weniger zu bekla-
gen, als in dieser grausamen Ungewißheit. Wenn
ich den Mann verlohren, den ich liebte, diesen Bruder, dieses edle und zärtliche Herz; denn bleibt mir
auf der Welt nichts übrig, als ihn zu rächen — —
Er soll es seyn, meine Schwester, er soll es seyn,
ich schwöre bey dir! (mit bitterm Ton) Wenn er
todt ist, so hast du keinen Bruder mehr. Zittert,
niedrige, grausame Mörder! alles habt ihr noch
nicht umgebracht. Von dieser trostlosen Familie,
ist noch einer übrig, der sich eure schrecklichen Vor-
schriften zu Nutze machen wird. Was hör ich? —
Welcher Lärm? — — (Verschiedene Reformirte sind
an der Thür, und öffnen sie plötzlich, sie schreien alle,
und bemühen sich, dem Arsenne Platz zu machen, indem sie alle rufen) Arsenne! Arsenne! Arsenne! (Laura dreht sich herum, und läßt ein Gesicht sehen, auf
welchem alle Empfindungen gemahlt sind, die ihr Herz
beunruhigen. Alle Personen sind in Bewegung.)

H 4 **Drit-**

Dritter Auftritt.

Die Vorigen, der junge Arsenne.

Der junge Arsenne. (kömmt ganz ausser sich herein, er drängt sich durch, im Vorbeygehen umarmt er seinen Vater und Eberhard) Mein Vater! — — Mein Freund! — —

Der alte Arsenne und Eberhard. Mein Sohn! — — Mein Freund! — —

Der junge Arsenne. (in den Armen seiner Frau und mit erstickter Stimme) O meine Geliebteste! ich sehe dich wieder! —

Laura. Du lebst noch, und ich kann dich umarmen! (mit gesenktem Kopfe und einer vom Ueberfluß des Gefühls geschwächten Mine) Ich sterbe für Freude und Entzücken! (Sie bleiben noch einige Zeit in der Umarmung. Laura macht sich los, und läßt ihn sich setzen.)

Arsenne. (mit voller Ergiessung des Herzens) O Gott! du hast mir meinen Sohn gerettet!

Eberhard. Wir sehen dich wieder! — — Erzähle uns, Freund! Du bist also nicht dabey gewesen?

Der junge Arsenne. (mit niederhängenden Armen, offenem Munde, und entflammten Blicken) Laßt mich erst zu Athem kommen.

Eberhard. (nach einiger Zeit) Sag uns nur, bist du denn Zeuge von dem Blutbade dieser Nacht gewesen. — —

Der

Der junge Arsenne. (welcher plötzlich aufsteht, und dem Eberhard seine Kleider zeigt) Da — — be= sieh meine Kleider — —

Laura. (welche ihn beym Arm nimmt, und mit unruhigem Blick seine Kleider betrachtet) Ach Gott! alles ist voll Blut— — du bist verwundet — —

Der junge Arsenne. zur Laura) Dies Blut ist nicht das meinige — — Ach, es ist das Blut deiner Mutter, deines Onkels, deiner nächsten Ver= wandten und überhaupt aller derer, die sich mit mir vertheidigen wollten.

Laura. (welche ein Geschrey erhebt) Meine Mut= ter! — — Wie! — Nicht ihr Alter — die Unge= heuer haben sie ermordet— —

Der junge Arsenne. Vor meinen Augen!

Eberhard. (der auf dem Theater wüthend herum= läuft) Himmel! Meine Mutter! Rache! Rache!

Der alte Arsenne. (indem er zur Seite der Lau= ra niedersinkt) Jeder Augenblick bringt uns neues Entsetzen. — — Wo sind wir Unglückliche? — — Hat uns eine unsichtbare Hand in den Aufenthalt der Höllengeister gestürzt?

Der junge Arsenne Dieser abscheuliche Hof, die ewige Geissel des Volks hat die Schandthat aus= gedacht. Paris schwimmt im Blut. Unsre Mit= brüder sind umgebracht. Die siegenden Meuchelmör= der treten ihre blutigen Leichname mit Füssen.

Eberhard. Fahre fort, — meine Wuth ist ru= hig — rede nur, ich kann dir zuhören.

Der junge Arsenne. Ihr abscheuliches Fest verbarg das Morden. Indem sie den Frieden uns=

H 5

terzeichneten, unterzeichnen sie unsern Tod. — Die
Niederträchtigen, sie reichen uns den Abend vor dem
Feste freundschaftlich ihre Hände, sie wünschen uns
eine ruhige Nacht, wir schlafen ein, sie sprengen
unsre Thüren, und wecken uns, indem sie uns das
Herz durchbohren.

Eberhard. Und wie bist du denn so entkom=
men? —

Der junge Arsenne. Das weiß ich nicht. —
Mitten durch die Fackeln, durch die Schwerdter,
durch die Mörder, durch Ströhme Bluts, über
Haufen von Leichnamen, die mir den Weg versper=
ten, mitten durch die Schrecken und Verwirrungen
dieser entsetzlichen Nacht, bin ich durch ein Wunder=
werk ihren Streichen entkommen.

Eberhard. Und du konntest nur allein entflie=
hen? — — Alle die Unsrigen — Gott! — —

Der junge Arsenne. (mit dem Tone der Ver=
zweiflung) Welch ein Vorwurf! — Frag mich lie=
ber, warum es noch Einwohner in dieser Stadt
giebt. — Der Tod war überall. Ich kämpfte mit
den Mördern, ich fand mich unter die Toden ge=
worfen, ich umarmte nichts als todte Leichname.
Ich hatte die Empfindung verloren, sie ließen mich
als einen Toden liegen, aber wie ich wieder zu mir
selbst kam, stieg ich, daß ich so sagen mag, aus dem
Grabe meiner Verwandten. Ich bin in der Stadt
herum geirret, das blutige Schwerd, das ich in der
Hand hatte, die Haare, die mir zu Berge standen,
meine Kleider, die voll Blut und Staub waren,
alles dies machte, daß man mich selbst für einen

der

der Mörder hielt. Endlich beschleunigte ich meine
irrenden Schritte, und bin den Raum übersprun-
gen, der mich von euch trennte. (Er fällt entkräftet
zurück.)

Laura. (zu Susannen) Bemühe dich doch nicht
so viel umsonst, und suche nicht mein jammervolles
Leben zu stärken.

Der junge Arsenne. (nach einigem Stillschweigen) Bin ich denn in der That von diesen grausamen Ungeheuern entfernt? — — Mein Kopf ist verwirrt, — meine Gedanken verlassen mich — die
bleichen, zerfleischten Opfer ihrer Grausamkeit verfolgen und umgeben mich. Ich sehe sie noch! —
(Weinend) Ach, mein Vater! ich muß sterben!

Laura. Du bist ja in unsern Armen, liebster
Gemahl; ach, ich habe keine Mutter mehr, lebe du
doch für mich!

Der junge Arsenne. Ich! Leben? Nach
dem, was ich gesehen habe? — — — Ach, diese abscheuliche Nacht hat euch nicht in Schrecken gesetzt.
Ihr habt nicht das wüthende Geschrey der Mörder,
vermischt mit dem Geschrey meiner sterbenden Verwandten, gehört. Ihr habt ihre jammervollen
Seufzer nicht gehört. Ihr habt es nicht gesehn,
wie sie Blut aus ihren Wunden nahmen, es gen
Himmel hielten, und sterbend um Rache flehten.
Ich floh zum Coligny. Ich wollte zur Seite dieses
grossen Mannes sterben, oder wenigstens unser zer-
streuetes Häuflein bey ihm versammlen. Man
stürzte seinen zerfleischten Körper herunter. Gnise
trat sein schneeweisses Haupt mit Füssen, und sein
                                                    ruch=

ruchloser Haufe beschimpfte noch den entseelten Leich=
nam des ehrwürdigsten Sterblichen.

Der alte Arsenne. (enthusiastisch) Unerhörte
Wuth — — Ohnmächtige Wuth! seine vom Ruhm
glänzende Seele war da schon im Himmel, mein
Sohn. Nenne mir doch aber die Anführer der wil=
den Mörderbande! — —

Der junge Arsenne. An ihrer Spitze giengen
jene Abgesandten Roms, losgelassen aus dem Inner=
sten ihrer öden Mauren, Ungeheuer der Hölle, mit
dem Gift Italiens gesäugt. Eine grausame Freude
belebte ihre Blicke. Mit dem Cruzifix in einer Hand
bezeichneten sie das Schlachtopfer und mit der an=
dern stissen sie ihm den Dolch ins Herz. Sie erhitz=
ten mit dem Namen Gottes und des Königs die
Mörder zum Blutbade, das nach ihrem Willen viel
zu langsam vor sich gieng. Sie hoben ihre mit Blut
besprützten Hände empor, um den Mörder, der die
mehresten Stösse gab, zu segnen. Sie stärkten, sie
ermunterten die von Schandthaten ermüdeten Arme.
Ich habe sogar Kinder gesehen, die durch das Bey=
spiel gereizt, andere Kinder ermordeten, die in ihren
Wiegen schliefen.

Eberhard. (der auf der Bühne herumirrt) Welch
ein Gemählde! Rächender Gott! und dein Donner
ruht!

Der junge Arsenne. Ich gieng an dem Ufer
der Seine, in ihrem blutigen Wasser schwammen
entstellte Leichname. Ich gieng vor dem Louvre vor=
bey; welch ein Anblick! Ein unzählbares Volk sleh=
te mit Seufzen und dem Geschrey der Verzweiflung

vor

vor den Thüren des Pallasts seiner Könige um eine
Freystadt. Das klagende Geschrey, die jammer=
vollen Töne haben das Ohr des Monarchen bewegt,
aber seine Seele nicht. Was sag ich! Denn eben
hier war es, wo die Wuth der Henkersknechte am
meisten triumphirte, und wo verdoppelte Fackeln
eine grössere Scene des Mordens erleuchteten. Das
Blut der Unterthanen ergoß sich in grossen Strömen
vor dem ruhigen Auge des Monarchen. Die Piquen
und Lanzen der Soldaten stiessen nieder, und zer=
fleischten dies wehrlose Volk — indeß Carl und sein
grausamer Bruder oben vom Balkon herab, mit
wilder Freude, den Tod auf diejenigen sandten, die
entflohen, und auf diese Unglücklichen, die ihre Hül=
fe anfleheten, schossen, wie auf die Thiere ihrer
Wälder.

Der alte Arsenne. Halt ein — — schone
meiner — ich will lieber auf der Stelle sterben, als
mehr davon hören.

Der junge Arsenne. Ach, mein Vater! —
Ach, mein Freund! — — Wenn ich in diesen ent=
setzlichen Augenblicken nicht an sie, nicht an diese
zärtliche Gemahlin gedacht hätte, Gott ist mein Zeu=
ge, ich würde umgekommen seyn; aber heute noch
werden wir gerächet werden.

Der alte Arsenne. Was würdest du denn ge=
than haben?

Der junge Arsenne. (außer sich) Was ich
gethan haben würde? Mitten durch die Wachen und
Lanzen, die ihn umgaben, wäre ich — — — Aber ei=
ne stärkere Stimme rief mir zu, daß ich mich ganz

für

für sie drey aufbewahren můßte. Ich wurde weich=
herzig, und floh von der Vertheidigung meiner ar=
men Mitbůrger.

Der alte Arsenne. Ach, mein Sohn! was
sagst du? Ueberlaß Gott alle Rache; ihm allein
kömmt sie zu. Wenn seine Gerechtigkeit gleich lang=
sam ist, so wird sie doch desto furchtbarer herab=
kommen.

Eberhard. (mit Heftigkeit) Der Himmel
schweigt — — Uns ist also die Gerechtigkeit über=
lassen. (Mit nachdenkendem und mürrischem Ton) Kö=
nig, Priester, Minister, Prinzen, Hofleute, alle
haben Theil an diesem abscheulichen Complot — —
Dies sind also unsre Obern! (nach einigem Stillschwei=
gen) Freunde, ihr habt es gehört. (zu den Prote=
stanten) Diese Priester haben also das Zeichen zum
Morde gegeben! — — Das Unglück stammt von
Rom. Medicis hat die Luft dieses Clima einge=
athmet — — Sie hat zu uns bisher noch unbe=
kannte Verbrechen gebracht. Wollen wir so viele
Schandthaten ungestraft lassen? — — Wollen wir
es abwarten, bis sie wieder von neuem anheben?
Wir haben hier wenigstens einen von diesen schwär=
merischen Grossen, die aus dem Menschen ein wil=
des Ungeheuer gemacht haben.

Der junge Arsenne. (ätzend) Bey den Fa=
ckeln der Altäre haben sie die Fackeln zum Blutbade
angezündet.

Eberhard. Mein Blut kocht und brennt für
Begierde, sie zu opfern — — —

Der

Der junge Arsenne. (steht plötzlich auf, sieht Eberhard steif an, und ergreift ihn bey der Hand) Wohl an! —— Wir wollen Tod mit Tod vergelten, und die Schändlichsten sollen zuerst sterben! —

Laura. (welche sie trennt, und sich zwischen sie stellt) Ach redet doch lieber von eurer Rettung —— Vergissest du denn, für wen dich der Himmel erhalten hat? —— Siehe deinen Vater, sieh' deine Gattin! Laßt uns lieber fliehen, ehe dies blutige Ungewitter sich weiter heraufzieht. Wer weiß, ob es nicht bis zu uns kommt? Ein unnützer Muth ist nur eine thörichte Vermessenheit. Glaub nur, es werden, auch ohne dich, so viel Bosheiten nicht ungestraft bleiben. Ueberlaß davon dem höchsten Rächer die Sorge, der die Seufzer aller der Schlachtopfer gezählt hat.

Der alte Arsenne. Das billige ich —— du bist vor allen andern dich selbst und deine Gemahlin zu erhalten schuldig, und du gehörst dir nicht mehr zu. Flieh', fliehe mit ihr. Geht, und ruhet nicht eher, bis ihr in Sicherheit seyd! —— Ich werde mich bald wieder mit euch vereinigen.

Laura. Wir verlassen Sie nicht einen Augenblick, mein Vater! Denn wir können uns nicht eher für gerettet halten, als bis Sie auch gerettet sind.

Der alte Arsenne. Denkt nur nicht an mich. Ach! was hab ich zu verlieren? Einige unglückliche und dem Tode nahe Tage? Entfliehet, sag' ich euch! Nehmt den Weg nach England. Verlaßt auf immer dies abscheuliche Vaterland, das die Schwär-

merey)

merey mit dem Blute seiner würdigsten Bürger benetzt.

Der junge Arsenne. Sie halten die Flucht
für nothwendig, und ich soll allein fliehen! Ich sollte hier alle unsre Brüder unruhig, ungewiß, in ihren Häusern zitternd, und das Haupt unter dem
tödtenden Schwerdte zurück lassen! — Nein! — —
Ich werde zuletzt abreisen. Ihrer aller Wohl geht
mich so sehr an, und ist mir so theuer, als das
meinige.

Der alte Arsenne. Ein jeder von uns muß
einen andern Weg nehmen, und auf der Gränze vereinigen wir uns wieder. Wir wollen dir einer nach
dem andern folgen, und — —

Der junge Arsenne. (der ihn unterbricht)
Das Unglück macht uns einander gleich, mein Vater. Wir müssen also auch die Gefahr mit einander
theilen. Ist es wohl in diesen furchtbaren Augenblicken erlaubt, seine Sache von der Sache seiner
Freunde zu trennen? Nein! — Geht! ich habe meine Verwandten sterben sehn, ich weiß auch zu sterben. Ihnen kömmt es zu, mit meiner Frau und
Susannen zu fliehen, ihr Alter und ihr Geschlecht
geben ihnen dies Vorrecht, aber wir —

Vier=

Vierter Auftritt.

Die Vorigen, Clevard, und verschiedene andre Reformirte, (die mit ihm zugleich kommen.)

Clevard. (mit trauriger und klagender Stimme) Meine unglücklichen Freunde, dies ist also auch unser letzter Tag — — —

Der junge Arsenne. Clevard! was sagst du?

Clevard. (zum jungen Arsenne) Ach! du hast dich nur aus Paris gerettet, um hier mit uns zu sterben. Die Wuth unsrer Feinde schränkt sich nicht auf die Hauptstadt allein ein; über ganz Frankreich erstreckt sie sich. Wir sind an allen Orten vogelfrey gemacht. Diese unglückliche Stadt hat eben das Schicksal. Wir müssen in einer allgemeinen Verwüstung umkommen.

Laura. Ach, was zaudern wir denn noch? Laßt uns fliehen, alle zusammen fliehen.

Clevard. Ach, Madame, wenn die Flucht noch möglich wäre, so wäre ich nicht mehr hier. Die Thore der Stadt sind verschlossen. Die Cavallerie hat die Wege besetzt. Die Garnison ist unter den Waffen, und bewacht die Mauren. Hören Sie wohl den Lärm der Trommeln und den verdoppelten Schall der Glocken? Alles kündigt uns den Tod an.

Ein Haufen Protestanten. Ach! Wohin sollen wir fliehen? (Sie drücken durch verschiedene Zeichen ihre Furcht und ihren Schmerz aus.)

Clevard. Die Kirchen der Catholiken sind offen. Sie versammlen sich darin, wie an einem feyerlichen Tage. Ich bin da vorbey gegangen, und habe in ihren Blicken unser Urtheil gelesen. O ihr Freunde, die ein Glaube vereinbaret und versammlet, was wird aus uns werden?

Der junge Arsenne. (welcher ein Gewehr ergreift. Ein jeder ahmt ihm nach.) Wir wollen uns bewaffnen, laßt uns bewaffnen. Die Flucht ist vergebens. Unser Blut wollen wir theuer verkaufen — wo verberg ich dich, liebste Gattin? Wie soll ich dich ihren Streichen entziehen?

Laura. (bewaffnet, stellt sich neben ihren Mann) Wohlan! Mein Muth soll ihrer Grausamkeit gleich seyn. Sie sollen sehen, was eine Frau vermag, die für das, was sie liebt, streitet.

Eberhard. (bewaffnet) Ich will euch alle vertheidigen, bis an den letzten Todesseufzer.

Der junge Arsenne. (zu seinem Vater weinend) Aber Sie, mein Vater, ach, was wird Ihr Schicksal seyn. Ihr vom Alter geschwächter Arm ist nicht mehr der, welcher sich sonst in Schlachten hervorthat. — — Bey dem Gedanken schaudert mich. Ein schreckliches Zittern ergreift mich.

Der alte Arsenne. (mit Stolz) Ich bin zu stolz, mich gegen niederträchtige Meuchelmörder zu rächen. Sie mögen ihre Hände in mein Blut tauchen, sie mögen mich von einem Leben befreien, das sie mir verhaßt gemacht haben, ich bin es zufrieden — — deine Hand wird doch wenigstens meine Augen zudrücken. Ich billige diese obschon recht-
mässige

mäßige Vertheidigung nicht ganz. Wir tödten, und können doch dem Tode nicht entgehen. Besser ists, den Streich zu erwarten, und zu empfangen, wie Coligny.

Der junge Arsenne. (mit schmerzhaftem Ton) Wie Coligny! Ach Gott! welchen Namen haben Sie da ausgesprochen? — Er verdoppelt meine Wuth, oder vielmehr er erleuchtet mich. (indem er den Degen wegwirft) Nein, ich habe diese Waffen nicht mehr von nöthen. Schwache ohnmächtige Hülfe, ich verwerfe dich. (mit ruhigerm Ton) Ohne dich werde ich euch alle rächen, meine Freunde, ich finde mich allein stark genug, eure Mörder zu bändigen und abzuhalten —— Gott du hast mir das Leben gerettet, ich erkenne es endlich, ich soll ein Beyspiel geben, und ich bin es der Welt schuldig.

Eberhard. Freund! Was hast du für einen Anschlag? (Arsenne antwortet nicht. Er bedeckt sich das Gesicht mit beyden Händen, und irret auf dem Theater herum.)

Fünfter Auftritt.

Die Vorigen, Menancourt.

Menancourt. (welcher ganz außer sich hereinstürzt) Ach! wo finden wir eine Zuflucht? Welcher Gott wird uns gnädig beschützen — ich komme, um mich mit Ihnen zu vereinigen, aber nur, um zu sterben.

Laura,

Laura. Ach, Menancourt!

Menancourt. Wir können ihnen nicht entfliehen. Sie halten uns eingeschlossen, wie Heerden Vieh, die man schlachten will. Fürchten Sie nur nicht, daß sie jetzt kommen; sie werden schon wissen, uns zu überrumpeln, ohne daß sie was zu befürchten haben. Sie werden die Mitternacht erwarten: dann wird das Signal erschallen, von der Menge bestürmt, in unsren eignen Häusern verbrannt wird es bald mit uns aus seyn.

Laura. Möchten sie doch mich allein ermorden, dann sollte mein Tod mir gesegnet seyn!

Menancourt. Keiner von uns wird verschont werden!

Ein Haufen Protestanten. Ach, es bleibt uns also nichts übrig, als unsern Nacken diesen Mördern hinzuhalten, die die Hölle wider die Rechtgläubigen bewaffnet hat. (indem sie den alten Arsenne umringen) Was sollen wir anfangen, ehrwürdiger Arsenne, in dieser äußersten Noth?

Der alte Arsenne. (schluchzend) Den Tod mit Gebet erwarten, meine Kinder, und ihn wie Märtyrer empfangen. Unsre Brüder reichen uns vom Himmel herab die Arme.

Ein Haufen Protestanten. Wie glücklich sind doch die, die vor diesen Tagen des Entsetzens gestorben sind!

Menancourt. Der Bischoff triumphirt; er hat alle diese Heuchler um sich her versammlet, die den Frieden predigen, und in deren Herzen nur der

Haß

Haß wohnt. Sie bitten alle den Tod derer, die sie nicht betrügen und hintergehen können.

Der junge Arsenne. (der aus seiner Schlaf=sucht erwacht) Fahre fort! Menancourt, fahre fort!—

Menancourt. Sie laufen in alle Häuser, die Dolche zu schärfen, die für uns bestimmt sind. Sie rufen diesen entsetzlichen Schandthaten Beyfall zu. Sie sprechen den Namen Gottes mit der Mör=der=Stimme aus; und setzen diejenigen mit dem Bann=stral Roms in Schrecken, in denen die Menschenlie=be noch spricht.

Der junge Arsenne. (in unordentlicher und schleuniger Bewegung, indem er einen Dolch heraus=zieht) Es ist zu viel!— Sie sehen diesen Dolch— er soll Ihnen Gerechtigkeit verschaffen!—— Das heißt Meuchelmörder zuviel ehren, wenn man wider sie kämpft. Eberhard! komm mit mir.

Eberhard. (heftig) Ich folge dir überall.

Der junge Arsenne. (immer noch in dem Zu=stande) Ich will den Vornemsten dieser grausamen Priester ergreiffen. Unter seiner bischöfflichen Klei=dung soll er in seinem von Durst nach unserm Blut erhitzten Herzen den Stahl fühlen. Wenn meine Hand fehlen sollte—

Eberhard. Ich verstehe dich!—

Der junge Arsenne. Ach, warum kann ich nicht mit Einem Stoß alle seine Diener vertil=gen!—

Der alte Arsenne. Gott!— Mein Sohn! Welch ein abscheuliches Vorhaben, höre mich——

J 3 **Der**

Der junge Arſenne. Wenn Sie ſie, ſo wie ich, in dieſer blutigen Nacht geſehn hätten, Ihre Hände wühlten ſchon in ihren Herzen.

Eberhard. (der den jungen Arſenne bey der Hand faßt) Ich will die Ehre des erſten Stoſſes haben.

Laura. (zu ihrem Gemahl) Halt ein! Die Rache verblendet dich —— Halt ein! und bedenke, daß unter dieſem troſtloſen Herzen vielleicht ein Kind ruht, dem du den Vater raubſt!——

Der junge Arſenne. (vor Schmerz auſſer ſich) Laß es unter deinem Herzen ſterben! und nie den Tag ſehen, ehe es die Luft einathmet, die dieſe Ungeheuer athmen!—— Warum ſoll es geboren werden?—— Das Leben iſt ein unglückliches Geſchenk, das ich verfluche und verabſcheue.

Laura Ach, Gott!——

Der junge Arſenne. Ich lebe nicht mehr für dies Kind, ich lebe nicht mehr für dich!

Laura. (mit heftigem Geſchrey) Grauſamer! biſt du es, der ſo ſpricht?——

Der alte Arſenne. Mein Sohn!——

Laura. (kniend) Habe doch etwas Mitleiden mit einer Mutter!

Der junge Arſenne. (der den Kopf wegwendet) Ich bin für euch alle todt, ich höre euch nicht mehr. Von mir iſt nichts mehr übrig, als zwey Arme, die für das gemeine Wohl bewaffnet ſind.

Laura. (die ihn mit einiger Gewaltthätigkeit behandelt) Ich verlaſſe dich nicht, Grauſamer!—— Deine Empfindungen ſind in Unordnung!——

Laß

Laß mich deinen Arm entwaffnen — — Du versteckst den Dolch — — Ach, und solltest du mich damit tödten, so will ich ihn deinen Händen entreißen.

Der junge Arsenne. (welcher sie zurück stößt) Was unterstehst du dich zu sagen? — — Zittre! — Du weißt nicht — — Dieser Dolch! — — Keiner soll ihn mir entreißen, bis diese Hände starr sind. Es ist ein ewiges Denkmahl der Schande! Ein kostbares Blut hat unauslöschliche Züge auf dieses Eisen gegraben — —

Laura. Du erschreckst mich. — Ein kostbares Blut! Alle das meinige ist erstarrt! — —

Der junge Arsenne. Unglückliche! — Du erkühnst dich noch zu fragen? — — Ich habe ihn rauchend aus dem Busen deiner sterbenden Mutter gezogen — Mein Arm soll ihn auch wieder ganz hinein stoßen — —

Laura. Ich bin des Todes! — —

Eberhard. (der ihm den Dolch wegnehmen will) Er gehört mir — — Gieb her! Mir her!

Der junge Arsenne. (mit entsetzlicher Geberde) Nein, ich bewahre ihn, er ist mein — — Die Grausamen! — — Laßt uns gehn! — Sie haben mir sattsam gezeigt, wie man morden muß.

Eberhard. Ich kenne mich nicht mehr! — — Wo sind die Barbaren? — Das unschuldige Blut der Meinigen ruft mir: stoß zu — ich will in jedem dieser Priester einen ihrer Mörder opfern! — — —

Der alte Arsenne. (der sich ihnen in den Weg stellt) Geht nicht weiter, meine Kinder, oder ihr verachtet meine sterbende Stimme.

J 4 Eber=

Eberhard. Halten Sie uns nicht länger auf! Wir kommen wieder zurück, ganz mit dem Blut der Mörder bedeckt.

Der alte Arsenne. (der bey dem Widersetzen halb nieder fällt) Haltet ein! — — Ach, wollt ihr mich denn zu euren Füssen sterben sehn? — Nein! ich stehe nicht eher auf, bis ihr meinen Bitten Gehör gebt. (Seine Kinder helfen ihm auf, indem sie Zeichen von Ungeduld und Wuth geben) Hört doch einem Greis zu, der seiner letzten Stunde nahe ist. Der Schmerz will den Ueberrest seiner Jahre verzehren — — Ich fühle eure Hitze, und die Anfälle eurer Verzweiflung; aber antwortet mir, meine Kinder! Wozu nutzt die Rache? Belebt sie die Asche derer, die nicht mehr sind? Ach, sie wird nur die Wuth unsrer Henker noch mehr anfeuern. Der Starke mordet den Schwachen, und lächelt seiner kraftlosen Kühnheit. Wir wollen nicht den grausamen Catholiken nachahmen, wir wollen ihnen den Gebrauch des Dolchs lassen, und — wenn man wählen muß, der Mörder oder das Opfer zu seyn, so muß man lieber sterben, als den Namen eines Mörders führen — — Der Himmel sendet in diesem Augenblick einen Strahl seines Lichts in mein Herz; er erleuchtet und begeistert mich, er flößt mir ein gerechtes Zutrauen gegen sich ein, und ich will dich in Verwundrung setzen — — Dieser Prälat, an den du deine verzweiflungsvollen Hände legen willst, nimmt nicht Theil an den Grausamkeiten seiner Sekte. Der öffentliche Ruf legt ihm sanfte und wohlthätige Tugenden bey. Wer weis, ob er nicht,

weit

weit entfernt ein Barbar zu seyn, im Gegentheil ge=
recht, sanft, menschlich und mitleidig ist.

Der junge Arsenne. Er! — Ein Anhänger
Roms! — Menschlich! — Mitleidig! — Ach! —

Der alte Arsenne. Mein liebster Sohn, erst
nach den Scenen eines Blutbades empfindet die ru=
higere Seele die Schrecken der Schandthat, und zit=
tert, sie fortzusetzen. Die Schauder über das Ver=
gangne durchdringen alsdenn die Herzen, und retten
die letzten Schlachtopfer — — Wir wollen uns vor
dem Palast des Bischoffs versammlen. Die Heilig=
keit des Orts wird uns schützen: denn es ist der
Aufenthalt des Friedens. Es erscheinen da nie be=
waffnete Krieger. In der ganzen Stadt ist keine
andre Zuflucht wider die Grausamkeit. Es ist noch
immer Zeit zur Vertheidigung, wenn die Grausam=
keit auf uns losstürmt, und wenn man uns an=
greift.

Der junge Arsenne. Ja, denn wird es noch
Zeit seyn, wenn Ihr Blut mich bespritzt, und Sie
mir im Niedersinken Ihre schwachen zitternden Hän=
de reichen. Und wie, Sie wollten wohl, daß ich
meine Frau ermorden sähe, Sie mein Freund? — —
Wenn der Himmel mein Vorhaben mißbilligt, so
möge er Sie vor Ihren Feinden verbergen. Ja,
grosser Gott! mein Arm ist bereit, zuzustoßen; kei=
ner, als du, kann ihn entwaffnen. Dein Donner
müsse mich zu Staub zerschmettern, ehe ich etwas
begehe, das dir mißfallen könnte; aber in diesem
Augenblick betrachte ich mich, als das Werkzeug
deiner gerechten Rache.

J 5 Der

Der alte Arsenne. Blinder! öffne die Augen, wer hat über dir gewacht in den Schrecken des Blut-bades? Wer hat dich mitten unter den Todten ge-rettet, wenn es nicht eben der Gott gethan hätte, dessen Gnade du heute beleidigst? Ist es nicht seine unsichtbare und mächtige Hand, die bis hieher deine Schritte geleitet hat, und du rechnest nicht mehr auf sein Erbarmen? Undankbarer, auf dies Erbarmen, das mit so vielem Glanze an dir sich offenbart hat? Dieser Gott, der bis hieher meine jammervollen Jahre verlängert hat, kann auch unser Leben mitten unter Mörderbanden verlängern. Ihre Dolche wer-den vor uns niedersinken, wie es vor dir geschehen ist. Dieser Gott, der uns sieht, wird gewiß nicht unsre bekümmerte Familie hier versammlet haben, um sie mit einem Stoße treffen und vernichten zu können.

Eberhard. Laßt uns nicht länger diesen Reden eines furchtsamen Alters Gehör geben. Sie reden von Mäßigung, mein Vater, wenn wir von wü-thenden Tygern umringt sind! — — Was hat man noch in der äußersten Gefahr zu schonen? Ein Meu-chelmörder ist stets furchtsam, wenn man seinen Stößen zuvorkommt. Sollen wir sterben, wie un-sre Brüder? Sie sind überfallen worden, wir sind es nicht. Sollen wir den Mördern unsre Brust hin-halten, die unsrer Schwachheit spotten werden, und sollen wir ihnen Veranlassung geben, von uns zu sagen, daß wir nichts könnten, als erblassen und den Staub küssen? Nein, unsre Arme werden in der äußersten Verzweiflung noch einige Stärke haben.

Doch,

Doch, das ist zu viel gesprochen — Nach dieser ab=
scheulichen Verletzung der Gesetze ist uns alles erlaubt.
(indem er zur Laura geht) Meine Schwester! ich sage
dir das letzte Lebewohl — — Du weißt, wen ich
rächen will.

Laura. (die mit Heftigkeit aufsteht) Mein Bru=
der! — — Ach, wo denkst du denn ohne mich hin=
zugehen?

Der alte Arsenne. (untröstbar) Ach! sie hö=
ren mich nicht mehr, meine Tochter, sie hören mich
nicht mehr. Sie wollen Rasende werden, wie die
Catholiken — Sie wollen den Zorn des Himmels
entzünden. (Er ergreift seinen Sohn im Weggehen) Er=
schrecke! — Erschrecke vor dir selbst! — Unglückli=
cher! — — Arsenne! — — Mein Sohn! — —
Du willst ihre Thaten also rechtfertigen, indem du
ihnen nachahmst?

Der junge Arsenne. (welcher bestürzt zurück
tritt) Ich, sie rechtfertigen!

Der alte Arsenne. (mit der Simplicität der
wahren Größe) Ja, du rechnest die Unschuld für
nichts — — Du hast kein ander Gefühl, als blut=
dürstige Wuth. Gott wird sein' Auge von dir wen=
den, und du wirst als ein Verbrecher sterben. Aber
glaube nicht, daß ich dich verlasse. (mit Hoheit)
Meine Kräfte werden sich verjüngen, um dir den
Dolch zu entreissen — — In dem Augenblick, da
du zustoßen willst, werde ich dich in meine Arme
einschliessen, ich werde dir zurufen: du bist kein
Christ mehr! und indem ich dich deiner abscheulichen

Ra=

Raserey entreiſſe, werde ich deine ganze Tugend
retten.

Der junge Arſenne. (überwunden) Ach, mein
Vater! Mein Vater! Was vermag doch Ihre Stim=
me! — Ich ſinke in Ihre Arme — haben Sie Mit=
leiden mit mir und mit meiner Wuth — ſie empört
noch meine Seele, ſie unterjocht ſie. Ihr Zuſtand
iſt ruhiger, wie der meinige. Sagen Sie mir, was
ſoll ich anfangen, um meine Frau, meinen Freund
und Sie zu retten! — Sagen Sie, und ich gehorche
ohne Widerrede — Welche Hoffnung wollen Sie mir
geben?

Der alte Arſenne. (welcher ihn mit Zärtlichkeit
in ſeinen Armen hält) Das allerſicherſte, das allerzu=
träglichſte bey unſern Umſtänden iſt, was ich dir
ſchon geſagt habe. Wir müſſen nach dem Pallaſt
des Biſchoffs fliehen, da müſſen wir uns alle verei=
nigen. Da, wo wir einen Barbaren zu finden
glaubten, werden wir, wenn mich mein Herz nicht
beträgt, einen Mann des Friedens antreffen. Da
werden unſre Seufzer nur einen Ton ausmachen,
der emporſteigen, und den Himmel erweichen wird.
Wir werden da wenigſtens in gröſſerer Anzahl ſeyn,
und wenn wir ſterben müſſen, werden wir uns mit
mehrerer Stärke und Muth vertheidigen, weil wir
zuſammen nur eine einzige Familie ausmachen.

Menancourt. Die Klugheit ſpricht aus dem
Munde des weiſen und tugendhaften Arſenne. Ver=
ſchiedene von unſern Brüdern haben ſich in dieſen
Pallaſt, wie in ein unverletzbares Heiligthum, be=
geben — — Der Biſchoff fühlt vielleicht ſein Herz

bey unserm Flehen erweicht. Wenn er, ohnerachtet unsrer Bitten, unsers Klaggeschreys, uns zu seinen Füssen eine Freystadt versagt, wenn er uns zurück=stößt unter das Schwerdt der Henker — denn sey auch keine Gnade; denn sollen unsre mit Schwerdtern be=waffnete Arme, so schnell, als unerbittlich seyn. Wir wollen aber das Nachschwerdt verbergen, bis auf den Augenblick, wo es schlagen muß. Wir müssen uns zu mäßigen wissen; wir müssen uns so=gar verstellen; sonst wird ihnen ihr Sieg leicht, und unser Verderben ist gewiß.

Ein Protestant. (laut) Dieser Vorschlag scheint der weiseste und der sicherste zu seyn. Wir wollen alle einem Schicksal folgen.

Ein Haufe Protestanten. Wir nehmen ihn an, wir nehmen ihn an! (zum jungen Arsenne, indem sie ihn umringen) Freund! du mußt ihn auch anneh=men, und dich zwingen.

Der junge Arsenne. (in ihren Armen) Ja, meine Freunde, ich will diese Hoffnung ergreifen, weil sie euch noch übrig ist. Ich will mich zurück=halten, ich will mich allem unterwerfen, des gemei=nen Bestens wegen — — Ich will meine Rache, mein Leben aufopfern, um euch euer Leben zu ret=ten. — Nur wachet über das, was mir das Liebste ist — — Mein Vater, meine Gemahlin, um uns=rer Liebe willen, bleiben Sie doch hier — —

Laura. (lebhaft) Das ist umsonst — ich kann dich nicht verlassen!

Der junge Arsenne. (der sich in ihre Arme wirft) Ach!

Der

Der alte Arsenne. (mit Würde) Wir wollen alle gehn, und die Tugend des Christen, die Hoffnung, nicht vergessen. Sie müsse mit ihrem göttlichen tröstenden Feuer unsre Herzen entzünden. Wir wollen unsern Henkern Furcht einjagen; aber nur durch Standhaftigkeit. Wie Märtyrer wollen wir fallen, und nicht wie Meuchelmörder, und wir wollen sterbend zeigen, daß wir von einem andern Leben überzeugt sind. Endlich wollen wir unsre Seelen zu dem erheben, der aus der Höhe der Himmel auf uns herabsicht: er ist es, der die Grausamkeiten der Boshaften bändigt — — Wenn er uns beschützt, so werden wir nicht umkommen.

Ein Haufen Protestanten. Wir wollen unsre Wünsche an den Richter unsers Lebens richten, und uns dann seinen ewigen Befehlen überlassen. (Sie heben alle die Hände gen Himmel.)

Der alte Arsenne. (das Haupt entblößt und die Hände gefaltet) O Gott des Erbarmens! Siehe diesen schwachen Haufen, der stets auf dem Wege deines Willens gewandelt hat. Gieb nicht zu, daß in dem Augenblick, wo die Wuth sich wider ihn ausläßt, er ganz und gar vertilgt werde. Entwaffne die Feinde mit dem Gesetz, welches uns unsre Väter zurückgelassen haben, und welches wir nicht verlassen werden, und sollten wir tausendmal unser Leben für dasselbe hingeben. Großer Gott, betrachte mit Barmherzigkeit dies getreue Häuflein, das dich anflehet. Seine ganze Hoffnung ruht auf dir; es wird dich ewig preisen; es wird dich segnen, es mag

nun

nun entweder unter dem Schwerdte der Henker um=
kommen, oder den Tempel wieder sehen, wo es dei=
ne Wohlthaten und deine Gnade zu preisen pflegte.

Laura. O Gott, rette meinen Bruder, meinen
Gemahl und meinen Vater!

Der junge Arsenne. O Gott! verzeihe gnä=
dig meiner Wuth. Ich biete dir jetzt ein demüthi=
ges und reuevolles Herz dar. Rette doch meine Ge=
mahlin und diese edelmüthigen Freunde.

Eberhard. O Gott! rette meinen Bruder, und
laß mich nur mein Leben enden.

Ein Haufen Protestanten. O Gott! rette
den tugendhaften Arsenne und seine ganze Familie.

Der alte Arsenne. Großer Gott! Laß alle
die Streiche auf mich fallen, die deinem Volke dro=
hen — Laß mich meine lange Laufbahn enden, und
dein Volk müsse dich loben im Frieden auf meinem
Grabe.

Eberhard. (welcher den jungen Arsenne umarmt)
Freund! —

Der junge Arsenne. (welcher den Eberhard
umarmt) Mein Bruder!

Der alte Arsenne. (welcher Lauren und Su=
sannen umarmt) Meine Tochter! — — Meine ge=
liebte Nichte! —

Laura und **Susanne.** (indem sie den alten
Arsenne umarmen) Ach, mein Vater! Ach, mein
Onkle!

Ein Haufen Protestanten. (die sich wech=
selweise umarmen) Mein Bruder! — — Mein
Freund! — Mein Freund! — Mein Bruder! —

(Sie

(Sie gehen zusammen heraus, und beobachten beständig eine gewisse Ordnung.)

Ende des zweyten Aufzugs.

Dritter Aufzug.

Die Scene ist im Pallast des Bischoffs.

Erster Auftritt.

(Das Theater stellt das Zimmer des Bischoffs vor. Am Ende desselben steht ein Diaconus. An einer Seite des Theaters ist ein Pult, auf welchem verschiedene eröffnete Briefe liegen.)

Johann Hennüyer. (stehend, die rechte Hand auf ein Gebetpult gestützt, und mit der andern sich das Gesicht bedeckend. Er erhebt sie zum Himmel in dem Augenblick, da er reden will. Ein grosses Crucifix ist über dem Gebetpult.) Grosser Gott! —— und das sind Christen! — Ist dies also nach dem Beyspiel, welches du ihnen sterbend am Kreuze gabst? (Er setzt ein Knie auf die Erde) Herr! Laß dir die bittren Schmerzen, womit meine Seele erfüllt ist, wohlgefallen. Ich biete dir meine Thränen zur Versöhnung

nung dar— der Ueberrest meines Lebens wird nur
dem Schmerz geweiht seyn. (Er bleibt in einem tie=
fen Stillschweigen; er seufzt, betet, und steht wie=
der auf) Welch ein entsetzliches Bild! Welche Ver=
brechen! O Aberglaube! grausame Schwärmerey,
wann wirst du aufhören, meine heilige Religion zu
entweihen? Auf einer Seite steht der Ungläubige,
auf der andern der Heuchler— der ehrsüchtige Be=
trüger, der den schwachen Geist verdirbt, und ihn
zu Mordthaten bringt.— Ach, Grausame! wenn
die Rachsucht euch zwang, das Blut eurer Brüder
zu vergiessen, mußtet ihr denn noch eure Frevel mit
diesem ehrwürdigen und geheiligten Schleyer bede=
cken!— Und ihr Großen im Volk, warum seyd ihr
nicht die Tugendhaftesten? Ihr bauet eure Größe
auf grosse Uebelthaten, und ihr seht den ewigen Ab=
grund nicht, der sich unter euren Füssen eröffnet—
O Medicis! und du Carl!— O König, den der
Himmel mir gegeben hat, welche Namen wirst du
noch auf Erden führen? Welchen Platz wird dir die
Nachwelt anweisen? Ich zittre schon, die bestimmten
Strafen zu vernehmen!— Vater der Menschen, Er=
barmer! verschone sie nicht hienieden in dieser Welt!
Sie müssen deiner Gerechtigkeit zum furchtbaren Bey=
spiel dienen; nur verschone sie gnädig mit den ewigen
Strafen jener Welt. (Er kniet wieder nieder zu beten.)

(Es spricht jemand mit dem Diaconus. Er geht hin=
aus und kömmt mit dem Großvicarius wieder herein.
Simon nähert sich, und der Bischoff steht auf.)

K Zwey=

Zweyter Auftritt.

Johann Hennüyer, Simon, Großvikarius.

Simon. Gnädiger Herr, der Commendant ist angekommen, und wünscht Ihro Eminenz zu spre=chen.

Johann Hennüyer. Man führe ihn herein. (Er geht ihm entgegen. Simon geht voran, den Bedien=ten Befehl zu geben, daß sie die beyden Flügel=Thüren öffnen. Alle übrigen treten zurück.)

Dritter Auftritt.

Johann Hennüyer, der Commendant.

Der Commendant. Gnädiger Herr, ich kom=me, ihnen die neuen Befehle bekannt zu machen, die der König, mein Herr, uns übersandt hat.

Hennüyer. Gott bewahre! Was will er uns denn?

Der Commendant. Die Befehle enthalten ausdrücklich, daß kein Reformirter aus dieser Stadt entfliehen soll.

Hennüyer. (unruhig) Was hör' ich?

Der Commendant. Die Protestanten in Li=zieux müssen denen in Paris folgen. Der Befehl des Todes erstreckt sich auf alle. Ich habe zu diesem Zweck die besten Maaßregeln genommen, und die Garnison ist unter dem Gewehr.

Hen=

Hennüyer. Und man verlangt von mir?

Der Commendant. Daß sie mir beystehen, denn wir müssen gemeinschaftlich verfahren; daß sie ihre Geistlichen von dem, was sie thun sollen, unterrichten; daß jeder von ihren Predigern auf die Kanzel steige, und den Catholiken einpredige, sich unerbittlich zu zeigen, und keine Rücksicht auf irgend eine Verbindung, weder des Bluts noch der Freundschaft, zu nehmen — kurz, daß jeder Hugenotte da sterbe, wo man ihn findet.

Hennüyer. Aber Se. Majestät entschuldiget sich doch in dem Briefe an uns, wegen alles dessen, was vorgegangen ist, und declariret förmlich, nicht darein gewilligt zu haben.

Der Commendant. Der Befehl ist geändert. Se. Majestät erkennen Coligny einer Verschwörung gegen Dero Leben und Krone schuldig. Se. Majestät erwarten in Ausrichtung der Befehle eben so vielen Eifer, als dessen getreue Diener in Paris gezeigt haben. Dies sind dessen eigene Worte.

Hennüyer. Aber, mein Herr, da der König zweymal den Befehl verändert hat, so könnten wir wohl einen dritten erwarten, und würde es nicht bey einem so wichtigen Vorfall der treueste Dienst seyn, wenn man ihm Zeit zur Ueberlegung ließe?

Der Commendant. Nein, gnädiger Herr. Es ist die Sache der Religion, und geht sie hauptsächlich an. Unsre Unternehmungen müssen einmüthig geschehen. Noch zwo Stunden, so wird der Stamm dieser Ungläubigen vertilgt seyn. Unsre Soldaten brennen für Begierde, der Kirche und dem

K 3 Thro=

Throne zu dienen, und ich glaube, ihre Priester wer-den dabey nicht die letzten seyn.

Hennüyer. Keiner, mein Herr, glauben sie mir, keiner wird Theil an dieser blutigen Verräthe-rey nehmen. Mit der Sorge für das Wohl aller Menschen, die die Gnade rühren kann, beladen, kann der Prediger nur um die Bekehrung derer bit-ten, die noch nicht berufen sind. Nur durch Bey-spiele der Sanftmuth, Mäßigung und Tugend, ist es uns erlaubt, sie von den Vorzügen unsers Glau-bens zu überzeugen. Ich kenne keinen andern Weg der Bekehrung, mein Herr, als diesen.

Der Commendant. Ich erstaune in der That über diese Sprache in ihrem Munde. Sie mißbilli-gen also die Aufführung des Königs nicht allein, sondern weigern sich auch, dem Befehl zu gehorchen, welchen er Ihnen übersandt hat.

Hennüyer. Ja, ich bin weit entfernt, denen mörderischen Befehlen, welche sie mir bringen, zu gehorchen.

Der Commendant. (in Verwunderung) Ue-berlegen sie es auch, gnädiger Herr!

Hennüyer. Ich überlege es sehr wohl, mein Herr. Und seit wenn haben denn die Concilien und Tribunale festgesetzt, daß man das Herz desjenigen durchbohren müsse, der nicht so denkt, wie wir?

Der Commendant. Aber bedenken sie auch, gnädiger Herr, daß sie sich durch einen so förmli-chen Ungehorsam des Verbrechens der beleidigten Majestät im höchsten Grade schuldig machen?

Hens

Hennüyer. Wenn ich nicht gegen ihn seine Unterthanen beschützte, denn glaubte ich ein Verbrecher zu seyn.

Der Commendant. Bedenken sie doch die Gefahr, der sie sich aussetzen — Sehen sie hier die Ordre, die mich betrift, und da ist die ihrige — Lesen sie —

Hennüyer. Ich weigere mich, sage ich ihnen, sie anzunehmen — Ich halte den Befehl für ungerecht, für schändlich, für abscheulich.

Der Commendant. Ist es denn unsre Sache, die Befehle des Königs zu untersuchen? Gott hat ihn auf den Thron gesetzt, und er regiert durch ihn. Die Handlungen des Königs haben keinen andern Richter, als die Gottheit selbst, und dieser allein ist er deßhalb Rechenschaft schuldig.

Hennüyer. Der Monarch, welcher sagt, daß er niemand als Gott Rechenschaft zu geben schuldig sey, sagt mit andern Worten, daß er niemand Rechenschaft geben wolle; denn indem er die Gesetze verkennt, verkennet er den Urheber aller Gerechtigkeit.

Der Commendant. Unsere Pflicht ist, zu gehorchen. Wir verantworten weder das Gute noch das Böse, was erfolgen kann. Haben wir unsere Befehle erfüllt, so sind wir für die Folgen frey. Wenn jeder Unterthan die Gründe des Monarchen abwägen wollte, was würde denn aus seinem Ansehen werden?

Hennüyer. Diese Art zu reden schickt sich vollkommen für einen Soldaten, wenn er im Felde ist,

oder

oder vor dem Feinde in Schlachtordnung steht — wo
er alsdann mit dem Ganzen handelt, wovon der
General das Haupt und die Seele ist, wo der Augenblick entscheidet, und auf den besondern Willen
eines jeden nicht geachtet werden darf. Aber, ant-
worteten Sie mir, mein Herr; wenn einmal eine
Ordre an ein Regiment käme, ein anderes desselben
Heeres zu vertilgen, und die Waffen gegen ihre eigenen Mitbürger zu kehren, alsdenn, dächt ich,
würde man doch wohl vermuthen, daß die Sache
übel verstanden sey; daß es ein Irrthum, eine Verwirrung, ein Schwindel sey, und man würde sich
gewiß weigern, seine Kameraden zu ermorden. Eben
so verhält es sich itzt. Eine fanatische Wuth hat
den König Carl und den Hof ausser sich gebracht.
Hüten sie sich, diese grausame und vorübergehende
Crisis, mit den Grundgesetzen der Monarchie zu ver-
mengen. Diese können vergessen werden; aber sie
werden doch stets ihre Stärke behalten, weil sie sich
auf das Gewissen, Ehre, und auf die Vernunft
gründen, und folglich weit von diesem wüthenden
und unsinnigen Befehle verschieden sind, welcher sie
gänzlich zerstöret. Da also der Grundsatz, aus
welchem dieser Befehl eines Menschen geflossen ist,
grausam und unsinnig ist; so muß er auch von jedem, der des Namens eines Bürgers würdig ist,
standhaft verworfen werden.

Der Commendant. Ich gebe dergleichen Di-
stinctionen nicht zu, gnädiger Herr, und es ist
meine Sache nicht, so tiefsinnig vernünfteln zu können.

Hen-

Hennuyer. Man braucht nicht eben tieffinnig zu vernünfteln, um zu fühlen, daß man eher ein Mensch und Christ ist, als ein Unterthan, daß ein Monarch, der kommt und abgeht, nicht das Vaterland ist, daß es Grenzen giebt, die die königliche Macht nicht überschreiten darf, und ohne welche der Unterthan, nichts weiter als ein elendes Werkzeug der Knechtschaft seyn würde, und daß endlich die Tugend von Anfang an in den Herzen der Menschen gewesen ist, um ihm zu zeigen, wann er gehorchen solle oder nicht. Die Gottheit selbst (wenn es möglich wäre, daß sie solche blutige Befehle geben könnte) würde doch keinen tugendhaften Menschen zwingen können, sie anzunehmen. — — Wie? Carl, ein zwey und zwanzigjähriger König, sollte sechzigjährigen Prälaten, sollte tapfern und erfahrnen Kriegern befehlen können, auf den ersten Wink gleich hundert tausend Mitbürger zu ermorden; und uns sollte nichts übrig bleiben, als alle Billigkeit und Natur zu ersticken, und uns in ihrem Blute zu baden? — — — Wenn Carl jetzt das Gegentheil wollte, wenn er uns beföhle, die Religion derer anzunehmen, die er eben verfolgt hat, so müßten wir ja aus eben dem Grundsatze den Glauben unsrer Kirche abschwören, und das Heil unsrer Seelen verachten. Glauben Sie mir, die Menschlichkeit hatte ihre Rechte eher gehabt, als diese königliche Würde. Wer nicht mehr als Mensch redet, kann auch nicht mehr als König befehlen. Man muß also, mein Herr, unserm jungen Monarchen mit Ungehorsam dienen, und ich würde mich gar nicht darüber wundern,

K 4 wenn

wenn er morgen diejenigen mit dem Tode strafte, die niederträchtig genug waren, die Ausrichtung solcher Befehle zu beschleunigen.

Der Commendant. Erlauben Sie mir, mich nicht auf diese besondern Fälle einzulassen — — Es würde eben so unnütz als gefährlich seyn, sich dabey aufzuhalten — — Vereinigen Sie sich mit mir, gnädiger Herr, ich bitte Sie zum letztenmal darum — — Ich werde gezwungen seyn, eine Beschwerde wider Sie einzusenden, machen Sie sich nicht unglücklich — Es könnte dies traurigere Folgen haben, als Sie denken. — Ueberlassen Sie diese unglücklichen Hugenotten ihrem Schicksal; der König thut ohne Zweifel nichts weiter, als daß er ihren Grausamkeiten zuvorkommt.

Hennuyer. O Gott! Es ist nicht genug ein Verbrechen zu begehen, man wagt sogar, es zu rechtfertigen — — Sie haben mich genug verstanden, um ihren Bericht abzustatten, mein Herr — glauben Sie gewiß, daß nichts in der Welt mich bewegen soll, meine Antwort zu ändern — Wenn noch ein Funken von Menschlichkeit in Ihnen ist, so lernen Sie denken, wie ich.

Der Commendant. Ich bin ein Catholike, gnädiger Herr, und ich mache mir eine Ehre daraus. Ich gehorche meiner Religion. Hat diese uns nicht zu allen Zeiten gelehret, den Königen, wer sie auch seyn mögen, zu gehorchen? Giebt sie nicht selbst den Königen die Macht des Schwerdts? Hat sie nicht selbst den Unterthanen verbothen, weder über die Rechtmäßigkeit der Zwecke eines Monarchen, noch

über

über die Mittel, die er, zu Ausführung derselben,
anwendet, zu urtheilen. Wenn der älteste Sohn
der Kirche sich wider die Ketzer erhebt, dann befe=
stigt er seinen Ruhm, und sein Wille wird zum hei=
ligen Gesetz.

Hennüyer. Sie irren sich, sag ich Ihnen —
Dies ist ein Werk der Grausamkeit, der Treulosig=
keit und Bosheit. Sie würden also ihr Vaterland
verwüsten, wenn ihr Chef es beföhle? Das Gesetz
hat, zu einem nicht zweydeutigen Kennzeichen, die
Einwilligung der ganzen Nation, und seit wenn ha=
ben sich die Völker einen despotischen, eigenmächtigen,
einen unumschränkten König erwählt? Seit wenn
haben sie ihm die Gewalt ertheilt, sie mit ihrem
eigenen Degen zu ermorden? Wenn er über sie
herrscht, so geschieht dies nur, wenn er sie gegen
die Feinde beschützt, wenn er die Eintracht im In=
nern des Reichs erhält, wenn er wacht, indem sie
schlafen, und nicht, wenn er über ihr Leben nach
Willkühr und nach Einfällen Befehle giebt.

Der Commendant. Aber, wenn nun der
Monarch Verbrecher zu bestrafen hat?

Hennüyer. Wenn er so unglücklich ist, so muß
die Stimme der Welt von dem Verbrechen zeugen,
und den Verbrecher anklagen. Es ist leicht die all=
gemeine Stimme zu unterscheiden; sie läßt sich hören,
oder vielmehr sie donnert über dem Haupte des Mo=
narchen. Es giebt keine Entschuldigung für den
Monarchen, wenn er ihr die Ohren verschließt.
Selbst ein Urtheil muß er nicht eher unterzeichnen,
bis er es in den Augen der Diener des Gesetzes und

K 5 der

der Gerechtigkeit geschrieben gelesen hat, dieser Män=
ner, welche schon lange durch ihre Tugenden und
Arbeiten sich das Zutrauen des Volks erworben ha=
ben; er muß in sich selbst ein Mißtrauen setzen, und
besonders jenen unter einem größern Ansehen ver=
steckten Stolz fürchten, der stets zu unbilligen Hand=
lungen leitet. Wenn er diese königlichen Vorschrif=
ten verachtet, die sowohl für ihn, als für andere,
eine nützliche Einschränkung sind; so verfällt er in
die Uebereilungen, die man für ihn bereitet hat.
Seine Macht wird zu einer entsetzlichen Tyranney,
und seine Diener sind nichts mehr, als seine Mit=
schuldigen.

Der Commendant. Ihre Weigerung ist förm=
lich — — Ist es Ihnen gefällig, gnädiger Herr,
sie hierunter zu zeichnen — ich muß mich sicher zu
stellen suchen.

Hennůyer. (welcher eine Feder nimmt) Ja, ich
will sie darunter schreiben, und mit allem meinen
Blut, wenn es seyn muß. (Er nimmt den Befehl,
übersieht ihn, und hebt die Augen seüfzend gen Himmel)
Darf ich meinen Augen trauen? Welch ein Denkmal
für künftige Enkel! „Schonet weder der Alten noch
„der schwangern Weiber, weder der Jugend noch
„der Säuglinge an der Brust.“ Gott, der du die
Herzen der Könige in deiner Hand hältst, du wollest
doch das seinige ändern! (Er schreibt, steht auf, nimmt
die Ordre, und giebt sie dem Commendanten zurück)
Da, mein Herr! Wollte Gott, daß der, welcher
diesen Befehl gesandt hat, ihn ins Feuer würfe,
wenn er meine Antwort erhält.

(Der

(Der Commendant geht weg, indem er den Bischoff als einen verlornen Mann betrachtet.)

Vierter Auftritt.

Johann Hennüyer, Simon.

Simon. (welcher mit Unruhe gelaufen kommt) Ach! Gnädiger Herr, was haben Sie gemacht? Ihr Herz ist zu gefühlvoll. Ihre Menschenliebe wird Sie unglücklich machen.

Hennüyer. Was unterstehen Sie sich zu sagen? Nennen Sie das Menschenliebe, wenn man keine unschuldige Menschen ermorden will?

Simon. Warum wollen Sie sich denn aber für sie aufopfern? Sie verantworten ja den Tod dieser Leute nicht. Lassen Sie dem Befehle des Königs seinen Lauf, er nützt der Religion und uns. Ausserdem sind diese Unglücklichen verkehrte Ketzer, die nur den Untergang unsrer Kirche athmen. — Ich betrachte alles dieses als eine Strafe, die der Himmel sendet.

Hennüyer. Und Sie denken auch so, mein Herr? — Gewiß, ich glaubte nie, so nahe um mich einen von denen Menschen zu haben, die nur die priesterlichen Kleider zum Unglück der Nebenmenschen, und zur Schande des heiligen Gesetzes, tragen. Ist dies die Sprache der Apostel? Wo haben Sie dergleichen Lehren gelesen? Nichts macht der Religion mehr Schande, nichts ist dem Geiste derselben

selben mehr zuwider, als ein solcher Exceß, den das Evangelium verdammt, dessen erstes Gebot (Sie müßen es doch wohl wissen) ein Gebot der Liebe ist; und das zweyte befiehlet, sie bis auf unsere Feinde auszudehnen — Gehen Sie, verschliessen Sie sich in meiner Bibliothek, lesen Sie da das Evangelium. Denken Sie über dies göttliche Buch nach, und sehen Sie, ob es die Schwärmerey je hat dazu brauchen können, ihre Wuth zu rechtfertigen. — Besonders aber zeigen Sie sich nicht eher vor dem Altar, als bis Sie ein neues Herz mit dahin bringen. — Gehen Sie nicht ohne meinen Befehl aus — ich will zu Ihnen in ihr Zimmer kommen, und Ihnen die wahren Grundsätze eines Gesetzes, das sie noch nicht kennen, vor Augen legen. Ich danke stets Gott, daß er sie mir hat bekannt werden lassen, damit ich Sie noch einst mit ihm aussöhnen kann. Sie haben es sehr nöthig — gehen Sie und lernen Sie Reue empfinden.

Simon. (für sich) Ja, ich empfinde sie; denn dieser Sache wegen, werde ich vieleicht einen guten Dienst verlieren. (Er geht ab.)

———————————

Fünf-

Fünfter Auftritt.

Johann Hennüyer, die Prediger von Lizieux.

(Man sieht die Prediger im Hintergrunde; der Bischoff giebt ihnen ein Zeichen, sich zu nähern.)

Weiser Augustin, verständiger Cäsarius, und Sie frommer Sebastian, kommen Sie näher — Sie empfinden meinen Schmerz, und theilen ihn mit mir — Ich habe Ihre Thränen bey der ersten Erzählung dieser Grausamkeiten, die Sie verabscheuen, fliessen sehn; aber fruchtlose Thränen sind es nicht, die Gott verlangt, er will Handlungen. — Gehen Sie, und lassen Sie unsre Kirchen eröffnen, versammlen Sie darinn die Christen; empfehlen Sie ihnen den Frieden; verbieten Sie ihnen den Mord und alle Arten von Gewaltthätigkeit. Besonders aber predigen Sie ihnen die Reue, diese ist nothwendig. Ein jeder werfe sich nieder, und suche durch lange Gebete die so grausam beleidigte göttliche Gerechtigkeit zu entwaffnen. Beeifert euch um die Wette, diese Verbrechen wieder gut zu machen, und diesen unglückseel'gen Schlachtopfern Wohlthaten zu erweisen — — Ach! nur ein Gott kann so viele Schandthaten tilgen.

(Die Prediger gehen weg, nachdem Sie den Bischoff ehrerbietig gegrüßt haben.)

Sechs-

Sechster Auftritt.

Johann Hennüyer, ein Bedienter.

Der Bediente. Gnäd'ger Herr, ein Haufen Protestanten, Männer, Weiber, Alte und Junge ist in den bedeckten Gang Ihres Pallasts eingedrungen. Sie verlangen Sie zu sprechen.   Sie haben ein verwirrtes und sogar wildes Ansehen — — ich fürchte —

Hennüyer. (mit beherztem Tone) Sie haben nichts von mir zu fürchten, was sollte ich von ihnen zu fürchten haben? Geht, und öffnet ihnen meine Zimmer; sagt ihnen, daß ich sie jederzeit, so viel in meinen Kräften ist, beschützen werde— Laß sie herein kommen. (mit Verwunderung) Aber was will denn der Commendant nochmal?

Siebenter Auftritt.

Johann Hennüyer, der Commendant.

Der Commendant. Ich komme augenblicklich wieder zurück, gnädger Herr——

Hennüyer. Was steht zu Ihren Diensten, mein Herr?

Der Commendant. Noch ist es Zeit, sich mit mir zu vereinigen, es ist noch nichts versehn. Ich biete Ihnen ein Mittel an, das sich mit Ihrer

Den=

Denkungsart verträgt —— Sie leiden bloß das,
was Sie nicht hindern können.

Hennüyer. Das, was ich nicht hindern kann?
Wie verstehn Sie das?

Der Commendant. Ich habe über meine
Commißion nachgedacht, und ich sehe, daß Ihre
Weigerung mich meiner Pflicht nicht entläßt, daß ich
immer schuldig bleiben werde, wenn ich die Aus=
richtung meines Befehls nicht beschleunige. Ich will
Ihn also bekannt machen und die Soldaten dazu
vorbereiten.

Hennüyer. (laut) Und Sie glauben, daß ich
diesem Blutbade so gelassen zusehn werde? Sie schmei=
cheln sich, daß ich, mit der wörtlichen Weigerung
zufrieden, mich nunmehro gegen mein Gewissen, ge=
gen den Staat schuldlos hielt? — Nein, nein, ich
bin der Hirte, und ich werde die Heerde vertheidi=
gen — Diese Leute haben auf mein Herz eben die
Rechte, wie die Catholiken, und ihr zeitliches Wohl
liegt mir nicht weniger am Herzen, als ihr ewiges.

Der Commendant. (stolz) Aber Sie irren
sich, gnädiger Herr; meine Soldaten, denk' ich,
stehn doch nicht unter ihrem Befehle.

Hennüyer. Was sagen Sie? Ich will Ihnen
im Namen des Pabstes befehlen, wenn es nicht im
Namen eines Menschen geschehn kann. Ich werde
ihren Streichen entgegen gehen — Mit meinen ge=
heiligten Kleidern will ich diese Unglücklichen bedecken.
Ich will in meine Hände den Gott des Friedens und
der Gnade nehmen, und wir wollen alsdenn sehen,
wir wollen sehen, ob die Gottvergeßnen weiter drin=

gen,

gen, ob sie Gott und seinen Diener unter die Füsse
treten werden, um desto ungehinderter ihre Brüder
zu ermorden. (Er geht selbst hin, den Reformirten die
Thüre zu öffnen, der junge Arsenne und Eberhard sind
an ihrer Spitze) Kommt, kommt, tretet näher, mei=
ne Freunde, ihr habt nichts zu fürchten. Hier seyd
ihr unter meinem Schutz. Dieser Pallast steht euch
zu Diensten. Er soll euch künftig eine Freystadt
seyn, und wenn es seyn muß, auch eine Vestung.
Ich stehe für euer Leben. (zu verschiedenen Geistlichen,
die dabey sind) Man bringe Lebensmittel her, und
jeder Geistliche versammle sich hier auf meinen Be=
fehl, diesem unglücklichen Volke beyzustehn und zu
dienen. (zu den Protestanten) Meine Brüder, es ist
nicht unsre heilige Religion, die euch haßt und ver=
folgt. Sie liebt euch stets wie ihre verlohrne Kin=
der, sie ruft euch, sie reicht euch ihre Arme, und sie
lehrt die Menschen nur, sich einander mit Nachsicht
und Liebe zu behandeln. Ein blinder und barbari=
scher Eifer, falsche Grundsätze des Staats, waffnen
sich wider euer Leben; aber der wahre Catholike
wünscht eure so ungerecht beleidigten Rechte wieder
hergestellt. Weit entfernt, Märtyrer zu machen,
ist es ihm nur erlaubt, selbst einer zu seyn.

Der junge Arsenne. (zu seinem Vater) Welch
eine Sprache, mein Vater! Wie bin ich erstaunt!
(zum Bischoff) Wie! und Sie wollten uns beschützen?

Hennüyer. Ich erröthe vor euch, daß ich euer
Schutz seyn muß, und gegen wen? — Bleibt hier
in meinem Pallast. Alles Gold der Altäre soll dazu
angewandt werden, wenn es seyn muß, euch zu er=
näh=

nähren, und selbst der Ort, wo das Allerheiligste aufbewahrt wird, soll euch zur Zuflucht wider die Grausamkeit dienen, bis die Antwort vom Hofe zurückkommt, und die Stimme der Menschlichkeit sich wieder hören läßt.

Der junge Arsenne. (zu seinem Vater) O Gott! Ist es möglich? — — Dies ist ein Priester und redet so! — -

Der alte Arsenne. Siehst du, mein Sohn! Gott ist es, der es ihm eingiebt — — Laß uns stets auf ihn hoffen.

Hennüyer. Die Hölle giebt in diesem Augenblick der Christenheit den entsetzlichsten Stoß. (indem er auf die Protestanten zeigt) Ach, wir waren bereit, sie in einer Kirche zu umarmen; sie kamen zu uns zurück; und nun in einem einzigen unglücklichen Augenblick ist wieder alles verlohren. Wehe! Wehe denen, die gesagt haben, daß Blutvergiessen zur Ehre Gottes gereiche! Ich will ihre schrecklichen Lehren zu Lügen machen. Die wahre Religion ist die wohlthätige, die uns Gott als einen Vater aller Menschen zeigt, und uns lehrt, daß er uns alle liebt, so wie er von uns allen angebetet wird.

Der junge Arsenne. (bey Seite) Welch' eine lautere und rührende Moral! —

Der Commendant. (zum Bischoff) Sie wollen also offenbar Aufstand, und hetzen diese Leute wider den Thron auf — — Ihr Eifer, gnädiger Herr, ist unverständig; denn ich muß Ihnen sagen, daß meine Befehle so weit gehn, sie auch diesen Oertern zu entreissen.

L   Der

Der junge Arsenne. Sie hören es, mein Vater! — Der Barbar! —

Hennuyer. Wilder Krieger! meine Stimme verdammt dich im Namen des Herrn! (Er streckt die Hände aus, und ruft den Protestanten) Kommt, kommt, meine Kinder, umgebt mich, drängt euch an mich — Unter diesen väterlichen Händen sollt ihr euer Heil finden. (zum Commendanten.) Lassen Sie diese unwürdigen Waffen fallen, und zwingen Sie mich nicht, Sie Ihren Händen zu entreissen. Wie! Sie wollen in die Herzen dieser lebenden Geschöpfe den Dolch stossen, deren Augen Sie um Erbarmen flehen.

Der Commendant. (mit lauter Stimme) Sie haben hier meine Schlachtopfer versammlet — Sie kommen mir sehr zu Hülfe, indem Sie sie beschützen. Ich komme zurück, und — — (es entsteht ein grosser Lärm.)

Der junge Arsenne. (welcher mit dem Degen in der Hand auf den Commendanten losgeht.) Stirb! Barbar! Stirb! — — (Alle Protestanten ergreiffen ihre Waffen.)

Hennuyer. (welcher den Commendanten mit seinem ganzen Leib bedeckt) Was macht ihr, meine Freunde? — Grausame, haltet ein! Was wollt ihr machen?

Der junge Arsenne. (drohend) Seine Streiche und dem Tode aller derer, die um mich sind, zuvorkommen.

Der Commendant. Wo bin ich? —

Hens

Hennüyer. (der noch immer den Commendanten beschützt) Durchstoßt diesen Busen— Ich sterbe vergnügt, wenn ich eure Rachsucht entwaffne.

Der junge Arsenne. (zu den Seinigen) Freunde! dies ist ein Gott!— Ich schäme mich meiner Wuth——— Wir wollen die Waffen niederwerfen und zu seinen Füßen niederfallen. (Sie fallen alle vor dem Bischoff auf die Knie und legen ihre Degen vor ihm nieder. Der junge Arsenne kniend.) Held der Menschlichkeit! Sieh, zu deinen Füßen die Schwerdter, die wir verblendet und wütend, ohne dich zu kennen, dir bestimmten. Wir liefen verzweiflungsvoll, eher zu tödten, als getödtet zu werden— — Deine Tugend entwaffnet uns, (zum Commendanten) und dieser allein, mein Herr, haben Sie Ihr Leben zu danken.

Der Commendant. Welche Kühnheit!— Ich erschrecke dafür!

Der alte Arsenne. (zum Bischoff) Heiliger Mann! ach, vergeben Sie ihnen!— Durch das Unglück verwirrt, wären sie ohne Sie verlohren gewesen.— Ich erkenne in Ihren Worten die Stimme unsrer alten Patriarchen.— Ach, warum gleichen Ihnen nicht alle Vorsteher Ihrer Kirche? dann hätten uns Ihre Tugenden längst gewonnen. (Er kniet nieder.)

Hennüyer. Stehn Sie auf, ehrwürdiger Alter.— Die milde Tugend mahlt sich in allen Ihren Zügen. Steht auf! meine Brüder— Welcher Triumph für mein Herz! O, warum seyd ihr doch nicht Kinder unsrer Kirche. (zum Commendanten)

L 2   Sehen

Sehen Sie nun, mein Herr, was auf einer Seite die Sanftmuth und auf der andern die Grausamkeit zuwege bringt? Geben Sie doch nach, glauben Sie mir, es sind schon zu viel Verbrechen begangen. Frankreich hat eine grausame, eine tiefe Wunde be= kommen, die lange Zeit bluten wird. Es hat frey= willig einen Theil seiner Stärke und seines Ruhms verlohren, und das ist die Frucht der Intoleranz, welcher alle Strafen folgen.

Der Commendant. Ich reise augenblicklich ab, gnädiger Herr, und will dem Hofe von allem, was vorgegangen, Nachricht geben.

Hennuyer. Reisen Sie, mein Herr; da müs= sen Sie eigentlich seyn. Meiner Seits werde ich auch den Hof vorher zu unterrichten wissen, ob gleich unser beyderseitiges Interesse sehr verschieden seyn wird.

Achter Auftritt.

Die Vorigen.

Hennuyer. Unglückliche Familien, die ihr zu mir kamt, Rache zu suchen, ach, ich verzeihe euch eure Vergehen! Aber lernt von mir, und behaltet es beständig, daß Grausamkeit sich nicht mit glei= cher Grausamkeit vertilgen läßt, und daß es kein Mittel ist, bürgerliche Unruhen zu dämpfen, wenn man die Schwärmerey nachahmt; denn alsdenn wächst sie an, wird schrecklicher und unversöhnli=

cher — —

cher —— Ich zittre, daß die beyden noch mehr
erbitterten Partheyen——

Der junge Arsenne. Verzeihen Sie, groß=
müthiger Erretter, verzeihen Sie —— Die Ver=
zweiflung riß mich fort—— Ich athmete nichts
als Mord, da ich Zeuge von dem Blutbade dieser
entsetzlichen Nacht gewesen bin.

Hennuyer. (mit der zärtlichsten Theilnehmung.)
Sie wären einer von denen, die entflohen sind?
Sie sind da gewesen——

Der junge Arsenne. Ob ich da gewesen
bin!— Ich habe meine ganze Familie umbringen
sehen! Ich habe gesehn, daß Hände, die dem Dien=
ste Gottes geheiligt waren — (er küßt ihm die Hand)
aber ach! weit von denen verschieden, welche ich jetzt
berühre, in dem Blute der Meinigen wühlten. Ich
habe das Lächeln ihrer entsetzlichen Freude gesehn;
den Spott über die Seufzer der Sterbenden. Dies
ist es, was mein Herz mit Rache vergiftete, und
in diesem Pallast meinen Arm gegen Sie und alle die
Ihrigen waffnete.

Hennuyer. (der sich das Gesicht bedeckt.) O
Nacht! Entsetzliche Nacht! — Könnt' ich dich doch
aus dem Gedächtniß der Menschen vertilgen! Doch
nein, bleib auf immer, biete ihnen immer das Ge=
mählde ihrer eignen Wuth dar, damit sie über sich
selbst erschrecken. — O mein Vaterland! O meine
Religion! beyde meinem Herzen so theuer, wer hat
diese Feinde, die euren Busen zerfleischen, diese gott=
losen und wütenden Minister wider euch aufgehetzt?

L 3 **Der**

Der junge Arsenne. Ach, sie belagern uns noch! Sie kommen wieder. Wie der Commendant weggieng, warf er einen drohenden Blick auf uns. Er wird seine Soldaten bewaffnen und diese wissen nur zu gehorchen; da sie zum Morden bezahlt werden. Ich will Ihnen meine Rache aufopfern, meine Rache, die mir so süß war; nur retten Sie diese Weiber, diese Alten, diese Kinder, und wer denn noch übrig ist, wird das Schwerdt des Feindes nicht fürchten.

Hennüyer. Ich stehe Ihnen für alles ein, der Commendant wird sich nicht unterstehen, hier was zu unternehmen. Ich erhalte gewiß vom Hofe die Rettung für euch alle. Diese Grausamkeiten sind dem Menschen zu fremd, um anhaltend zu seyn. Endlich öffnet er seine Augen dem Lichte. Die Natur rührt die verhärtesten Herzen und die unvermeidliche Gewissensquaal schaft sie auf einmal um.

Der junge Arsenne. Gewissensquaal! Sie! Ach, das ist eine falsche Vorstellung, die aus Ihrem edlen Herzen fließt. Ach! wir werden sterben müssen wider ihren Willen. (Man sieht in der Ferne Ofiziers) Sie kommen, ich sehe sie; sie kommen haufenweise auf uns los; es ist um uns geschehen. (mit schmerzhaften Tone) Retten Sie nur meinen Vater, meine Frau —— und ich will Sie segnen im Tode.

Hennüyer. Fasset Muth! Fasset Muth! ——

Ein

Ein Haufe Proteſtanten. (die ſich um den Prälaten herſtellen) Retten Sie, retten Sie uns! — Wir müſſen alle umkommen.

Hennüyer. Getroſt! verbannet alle Furcht! ich ſtehe für euer Leben ein.

(Die Officiers kommen zuſammen herein.)

Neunter Auftritt.

Die Vorigen, ein Haufen Officiers.

Der vornehmſte Officier. Wir kommen, gnädiger Herr, Ihnen bekannt zu machen, daß keiner von uns zu der vorherüberlegten Mordthat was unternehmen wird. Die Handlungen, die man von uns erwartete, können nur gegen Feinde des Königs und des Staats ausgerichtet werden. Schreiben Sie unſrer Seits dem Hofe, daß ſich unter den Truppen lauter muthige Leute fänden, die bereit wären, den gefährlichſten Unternehmungen entgegen zu eilen; aber kein einziger Henkersknecht.

Hennüyer. (welcher ihn umarmt) Sie ſind die wahren Catholiken, die ächten Kinder des Vaterlandes und der Religion; Sie dienen beyden zugleich, von beyden werden Sie auch in den ſpäteſten Zeiten noch geliebt und geehret ſeyn, und Ihre glänzenden Namen werden dem wohlthätigen Genius der Menſchlichkeit die liebſten Namen ſeyn.

Der

Der junge Arſenne. (zum Biſchoff) Ach, Sie, flöſſen allen, die ſich Ihnen nähern, Ihre Tugenden ein — — Was vermag nicht das Beyſpiel einer erhabenen und muthigen Menſchenliebe!

Ein anderer Officier. Wenn wir zu einigen geheimen Unternehmungen bereit waren; ſo war es, weil wir bis jetzt die Natur der Befehle nicht kannten, welchen wir uns weigern zu gehorchen. Wir ſind alle bereit, diejenigen zu beſchützen, deren Mörder wir ſeyn ſollten. Wenn ſich einer unter uns finden ſollte, der in ſeinem Vorſatz wankend wäre; wir wollten ihn gleich nach dem Louvre ſchicken, dem Commendanten Geſellſchaft zu leiſten, und mit ihm um ſeine Belohnung anzuhalten. Unſre Belohnung iſt über alle Wohlthaten der Monarchen weit erhaben.

Der alte Arſenne. (mit Entzücken) Ich erkenne ſie wieder dieſe tapfern Krieger, ſo wie ich ſie damals im Treffen ſah, als ſie noch nicht heimlich mordeten.

Ein junger Officier. Wenn unſre Weigerung dem Hofe mißfällt, wenn derſelbe eine gerechte Handlung wie einen Aufruhr behandelt; ſo will ich lieber der Ehre des Streits entſagen, als dieſen Degen ſchänden, den ich wider die Feinde gebrauche.

Hennüyer. Man iſt niemals ein Verbrecher, wenn man ſich weigert, ein Verfolger zu ſeyn, unter welchem Vorwande dies auch geſchehen mag. Wenn die Miniſter Sie verdammten, ſo wird Sie doch die ganze Welt bewundern. Was haben Sie denn zu fürchten? Sie haben die heiligſten Geſetze

der

der Natur und der Religion erfüllt. Wollen Sie
indeß, so können Sie alle Schuld auf mich werfen.
Wer nach dem Gefühl seines Gewissens seine Pflicht
thut, der schätzt nur das Leben, um Gutes thun
zu können; und denn hat er nichts von allen Königen zu fürchten.

Der junge Arsenne. (zu den Seinigen) Dies
ist ein heiliger Mann! — Ach, geliebte Laura, ich
werde also für dich leben! (indem er mit ehrfurchts-
voller Bewunderung auf den Bischoff zeigt) Für ihn
würde ich mein Leben lassen können. Ihm haben wir
alle Tage unsers Lebens zu verdanken.

Laura. Geliebter Gemahl! — unsre Kinder
sollen gleich nach dem Namen Gott, seinen Namen
lernen, und dieser theure auf ewig in unsre Herzen
gegrabene Name, sey jeden Tag ihres Lebens von
ihnen mit Segen ausgesprochen.

Eberhard. (welcher seinen Freund umarmt) Wer
von uns wird je so viele Erhabenheit und Menschenliebe vergessen können!

(Es erscheint ein Haufen Prediger aus Lizieux.)

Letzter Auftritt.

Die Vorigen, ein Haufen Prediger.

Hennůyer. Kommen ſie nåher, wůrdige Prediger, die ich wåhlte, mir beyzuſtehen, und denen
die Religion ihren erhabenen Triumph ſchuldig iſt.
Dieſer Tag, an welchem der Catholik ſich dieſes Namens wůrdig zeigte, ſey der ſchönſte unſers Lebens.
Es bleibt ihnen noch ůbrig, denen Chriſten, die ſich
von uns getrennt haben, die Vortreflichkeit unſrer
Lehren in der groſſen Vollkommenheit der Sitten zu
zeigen, aber mit der Liebe muß der Anfang gemacht
werden. Eilen ſie, umarmen ſie jeden dieſer Un-
glůcklichen; damit ſie in ihnen die Verwandten und
Freunde wieder finden, die ſie verloren haben. Wir
wollen uns bemůhen, durch die Stårke der Liebes-
dienſte, die Wunden zu heilen, die ihren Herzen
geſchlagen ſind.

(Den Predigern folgen andre Catholiken haufenweiſe
aus jeder Pfarre, welche durch die Predigten umgekehrt,
die Proteſtanten umarmen, und zu ihnen mit vieler
Freundſchaft und Zårtlichkeit reden.)

Der alte Arſenne. Warum ſind wir nicht
ſtets ſo einig geweſen — Es war die Vorſchrift und
der Wille der Menſchenliebe — Warum iſt er nicht
befolgt? Ach! ich habe Menſchen wieder gefunden,
die mir zeigen, daß ihre Geſetze ihnen nicht den Haß
befehlen. Was ſag' ich, ſie ſetzen ſich der ganzen

Rache

Rache des Hofes aus, um uns zu retten. Dies
sind die christlichen Helden.

Hennüyer. (welcher den alten Arsenne bey der
Hand faßt) Kommen Sie, wir wollen allen ein
Beyspiel der brüderlichen Liebe geben, und vereint
durch die Stadt gehen. Möchten doch die entge=
gengesetzten Parthien sich besänftigen, wenn sie das
Bild der Eintracht sehen! und möchte doch der Va=
ter der Menschen, beleidigt durch die Verbrechen,
die ganz Frankreich bedecken, einen Blick voll Güte
auf diesen kleinen Winkel des Königreichs werfen.

(Die Prediger vermischen sich mit den Reformirten, und
der würdige Prälat geht zuletzt heraus, indem er den alten
Arsenne führt. Die Officiers machen den Beschluß.)

Ende des Drama.

Der

Taubstumme.

Ein
Lustspiel
in drey Aufzügen,

Von

Anton Hunnius.

Schwerin und Wismar, 1791.

Personen.

Herr von Plattenau.

Claudia, deſſen Schweſter.

Louiſe, deſſen Tochter.

Graf Sternberg.

Graf Wilhelm von Sternberg, deſſen Sohn.

Amtmann des Grafen Sternberg.

Jakob, Bedienter des Grafen Wilhelm.

Salchen, Louiſens Kammerjungfer.

Hanns, Bedienter des Herrn von Plattenau.

Wirth.

Röschen, deſſen Tochter.

Bediente. Kutſcher. Knechte. Mägde.

Die Handlung iſt theils im Dorf-Gaſthof, theils auf
dem Schloß des Herrn von Plattenau.

Er=

Erster Aufzug.

(Zimmer im Gasthof.)

Erster Auftritt.

Wirth (allein.)

Schöne Geschichten! Also Graf Kagliostro? Das
hab' ich doch endlich herausgebracht. Was doch
ein hübsch Gesicht macht! Mir hätte der Spitzbube
vom Kammerdiener so was gewiß nicht anvertraut.
Also schon drey Wochen beherberg' ich den berüch=
tigten Hokuspokusmacher in meinem Hause, und
weiß kein stummes Wörtchen davon? Der Himmel
sey mir gnädig! Ists nicht so gut, als ob ich den
Teufel selbst einlogirt hätte. Allerliebste Sachen hat
mir Röse erzählt. Das muß man sagen, das
Mädel ist beynahe so pfiffig wie ich. Nun weiß
ich gewiß, daß ich Vater zum Kinde bin, was
sonst verteufelt schwer auszumachen ist. Ganz mei=
ne

ne Art, alle meine Pfiffe und Kniffe. So einem
Gaudieb von Bedienten seine Geheimnisse abzulo=
cken. Dazu gehört was. Geld wie Heu, ganze
Kasten voll Brillanten und große Säcke voll Perlen.
Glaub's 's ist keine Kunst! kenne deine Taschenspie=
lerstückchen, Monsieur Urian, haben genug davon
erzählen hören. Wenn man einen Thaler in der
Hand hat, und er drückt nur die Augen zu; bums!
ist er in seiner Tasche. Wart nur, du Generalhe=
xenmeister, von mir sollst du nicht einen Schilling
erwischen. Hexe so viel du willst, so lange du mei=
ner Röse nicht ihre hübsche Augen, und deinem sau=
bern Jakob nicht das Maul zuhexen kannst, so lange
ist mein Geldbeutel für deine Teufelskünste sicher. —
Gut, daß ich dich kenne. 's soll bald ruchtbar wer=
den, gleich will ich hin, und 's auf dem Schloß
ausposaunen, und wenn du denn gehängt wirst, so
sieh zu, wie dir Meister Belial vom Strick hilft. —
Sieh da, Musje Jakob, geschwind unter den Tisch,
er spricht mit sich selber, vielleicht erfahr' ich noch so
allerhand von seinen Diebs = Geschichten.

(er kriecht unter den Tisch.)

Zweyter Auftritt.

Jakob (nicht sehr bedientenmäßig gekleidet.) **Wirth**
(unterm Tisch versteckt.)

Jakob. Wo nur mein Herr bleibt! — Die
Kirch' ist schon lang' aus, und noch kömmt er
nicht! —

nicht! — Die wie vielste Liebschaft mag das wohl
seyn auf unsrer physiognomischen Reise? (zählt)
Eins, zwey, drey — sechs — neun — zwölf —
Ah das mag der Henker zählen! — So viel hübsche Mädchen, so viel Liebschaften! — Nur gut,
daß für uns arme Schlucker, meist auch etwas ab-
fällt. Oh! wir genießen oft in der Antichambre den
Braten, indeß unsre Herrschaften mit den Knochen
im Speisesaal vorlieb nehmen müssen — zwar, das
ist haut gout — Ey, hol der Henker den haut gout!
Ich lobe mir den Braten, und beneid euch, hol's
der Teufel, um eure Knochen nicht! — (nach der
Uhr sehend) Noch nicht? muß doch sehen, ob er nicht
schon auf dem Weg ist — (geht ans Fenster.)

Wirth. (halb unter dem Tisch hervor) Wenn ich
mich nur mit guter Manier aus dem polnischen Bock
spannen könnte. Blix! Meine Knie schmerzen mir
entsetzlich. Wer weiß, wie lange ich noch unter
dem infamen Tisch kauern muß. Doch, was hat
man in der Welt ohne Müh? Vieleicht kann ich noch
was erschnappen. Aber, wenn sie mich erwischten,
da würde mirs ergehen.

M   Drit-

Dritter Auftritt.

Graf Wilhelm von Sternberg, Jakob, Wirth (unterm Tisch.)

Jakob. Da kömmt er — (geht, und öffnet die Thür) Ey, gnäd'ger Herr! wir haben Sie lang erwartet.

Graf. (wirft freudig seinen Hut auf den Tisch.) Jakob!

Jakob. Nun? glücklich gewesen?

Graf. Jakob! Du hast wohl als ein erfahrner Praktikus viel schöne Mädchen in Deinem Leben gesehen?

Jakob. Das hoff' ich, Ihr Gnaden.

Graf. Nun so denk Dir die Reize aller dieser schönen Mädchen zusammen, und es wird ein Affengesicht gegen das holde, himmlische Gesicht, das ich heute gesehen habe.

Wirth. Aha! Bist du auch verliebt, du sauberer Hecht!

Jakob. Das ist viel gesagt.

Graf. Wie sie da saß in der Kirche! so sanft, so himmlisch, und zugleich in ihrem Auge, so etwas — wie soll ich sagen? — bezaubernd = listiges! — Mund, Nase, Arme, Hände, Wuchs — Jakob! So viel Reize zusammen konnte die Natur nur einmal hervorbringen.

Jakob. Nun, das muß ich sagen, ich habe schon oft die Gnade gehabt, sie vom kleinen Amor

be=

beluxen zu ſehen, aber ſo illuminirt — halten zu Gnaden — ſo illuminirt ſah ich Sie noch nie.

Graf. Haſt Recht, Jakob! Ich wundre mich, daß mir der Anblick dieſes ſüßen Mädchens noch eine Unze Verſtand gelaſſen hat.

Jakob. Aber doch gute Aſpekten zur Eroberung?

Graf. Gar keine. Weder gute noch ſchlechte. Sie hat mich gar nicht geſehn.

Jakob. Wie gieng das zu?

Graf. An mir lag die Schuld nicht. Ich hatte mich ſo gut als möglich ihr gegen über poſtirt. Alles, was in der Kirche war, ſtarrte mich an: nur ſie verwandte keinen Blick vom Geſangbuch oder vom Prediger. Eine andere weibliche Figur, die neben ihr ſtand, und die ich für die Zofe hielt, bombardirte mich mörderlich mit ihren Blicken: aber die wollten nichts verfangen, das wär was für Dich geweſen.

Jakob. Sapperlot! daß ich nicht dabey war! — Aber Wirths Röschen hat mich hier gefeſſelt, und ich nehme gern das Gewiſſe fürs Ungewiſſe.

Graf. So bald die Kirche aus war, folgt' ich ihr auf dem Fuße nach, in Hoffnung, von ihr bemerkt zu werden. Aber mein Unglück gönnte mir keinen Blick von ihr. Sie warf ſich in einen großen Familienwagen, der vor der Kirche hielt, und — fort war ſie. Ich ſah dem Wagen wie im Traume nach, bis er verſchwand: dann wandelt' ich dem niedlichen Bergſchloß zu, wo ſie reſidirt. Ich ſchlich rund herum, belorgnettirte alle Fenſter, ſah aber nichts, als ein paar gepußte Waſchmägde.

Ja=

Jakob. Das war nicht viel Tröstliches!

Graf. Sieh nur! das niedliche Bergschlößchen. Wie modern gebaut! der schöne Garten dran!

Jakob. Wahrhaftig, die Familie muß begütert seyn.

Graf. Ich habe Schockolade bestellt, bring sie mir, und denn setz den Tisch mit der Schockolade hieher ans Fenster. Die Aussicht ist zu schön! — Auch mein Perspektiv bring mit.

Wirth. Das Gott erbarm! (Jakob will den Tisch wegheben, worunter der Wirth steckt.)

Jakob. Ey, Seht doch! Votre Serviteur, Herr Wirth!

Wirth. Unterthäniger Knecht! (will ausreißen, Jakob hält ihn aber zurück.)

Graf. Halt, Spitzbube!

Wirth. Ach Erbarmen, gnäd'ger Herr!

Jakob. Wir wollen Dir das Horchen anstreichen.

Wirth. Ach, ach! Horchen? Nein, wahrlich nein, behorchen hab ich Sie nicht wollen.

Graf. Nicht? was machst du unterm Tisch?

Wirth. Ich wollte, ich wollte — ich dachte — ich wollte nur sehen, ob man sich drunter verstecken könnte, wenn im Nothfall —

Graf. (zornig, faßt ihn an der Brust.) Niedergekniet!

Wirth. (auf den Knien) Ach Erbarmen! Sie wollen mich doch nicht umbringen, allergnädigster —

Graf. Schweig! Der erste Laut, der Dir entfährt, kostet Dich das Leben! Jakob! Gieb mir die Pistole dort.

Wirth.

Wirth. Ach ich bitt um Gottes willen, gnä-
digſter Herr und Gönner! Sie werden mich doch
nicht erſchießen wollen! Für ſo ein bischen Horchen?

Graf. (nimmt die Piſtole.) Jetzt bereite Dich
zum Tode! (ſieht nach der Uhr) In zwey Minuten
biſt Du im Himmel oder in der Hölle. Das kömmt
auf Dein letztes Stoßgebet an.

Wirth. Ach du barmherziger Himmel, warum
denn?

Graf. Hurtig! hurtig! Eine halbe Minute iſt
verfloſſen.

Wirth. Ach aller ſcharmanteſter Herr und Gönner! Erbarmen Sie ſich! Ich kann unmöglich jetzt
ſterben! Ich habe zu viele und große Sünden auf
mich geladen, als daß ich ſie in ſo ein paar Minütchen wegbeten könnte.

Graf. Das iſt deine Schuld. Du mußt ſterben!

Wirth. Ach! wohlgeborner und hochgelahrter
Gönner! laſſen Sie mir nur ein paar Wochen Zeit,
daß ich mein Haus beſtellen, meine Sünden bekennen und bereuen kann, hernach will ich gern ſterben!

Graf. Sünden bekennen? das kannſt du jetzt
in aller Geſchwindigkeit! Allons, bekenne! Jakob
ſoll Dich abſolviren! Nun mach fort, oder ich jage
Dir eine Kugel durchs Gehirn, ehe die Minute noch
aus iſt.

Wirth Ach! daß ſich der Himmel erbarm!
Mein Allerſcharmanteſter! So iſt denn gar keine
Hülfe, kein Erbarmen?

Ja-

Jakob. ⎱
Graf. ⎰ Bekenne!

Wirth. Ach, wir sind alle arme Sünder —

Graf. Ist das alles? — Her mit Deinem ganzen Sünden = Register!

Wirth. (erschrickt) Nein, nein! Ich habe noch gar viel auf dem Herzen.

Jakob. Nun, so mach fort! Du hast noch eine halbe Minute Zeit.

Wirth. Nur noch eine halbe Minute? Ach! Ach! mir steht der Angstschweiß auf der Stirne.

Jakob. Geschwinde!

Wirth. (in Todesangst) Ich habe gelogen, betrogen, bösen Leumund gemacht, geflucht, gelästert, gestolen — ich habe — ich habe —

Graf. (der das Lachen kaum verbeißen kann) Bist Du fertig? Die Minute ist aus.

Wirth. Ach nein! Ich habe noch viel auf meinem Gewissen. Sie müssen mir noch ein paar Minuten Zeit lassen, daß ich mich besinnen kann.

Graf. Keine Sekunde länger.

Wirth. Ach Erbarmen! gnädigster Herr Herenmeister, Erbarmen!

Graf. Jakob! Ertheile ihm die Absolution so kräftig als möglich. (winkt ihm, ihn zur Thür hinaus zu schmeißen.)

Jakob. (faßt ihn an den Schopf, führt ihn einmal im Zimmer herum, und wirft ihn zur Thür hinaus.) Du wirst uns nicht mehr behorchen.

Graf. Gewöhne der Katze das Mausen ab.

Vier-

Vierter Auftritt.

Jakob, Graf.

Jakob. Nun, fahren Sie fort! fahren Sie fort, gnädiger Herr! Laſſen Sie uns durch eine ſolche Kleinigkeit nicht aus der Contenance bringen. Wie ich merke, ſind die Aſpekten bey ſolchem Stand der Geſtirne nicht die Beſten! — Nicht einmal einen Blick warf ſie Ihnen zu?

Graf. Nicht einen Einzigen! Aber Jakob! dennoch hab' ich Hoffnung, ſtarke Hoffnung!

Jakob. O! wenn hat uns die je verlaſſen? Oft gränzten unſre Hoffnungen nah ans Reich der Unmöglichkeit, und dennoch eingetroffen!

Graf. Diesmal liegt meine Hoffnung nicht nur im Reiche der Möglichkeit, ſondern gränzt nah an das Reich der Wahrſcheinlichkeit.

Jakob. Und keinen einzigen Blick? — Das mußte ſonderbar zugehen.

Graf. Ich hatte Gelegenheit, mich bey verſchiedenen Leuten, die mir aufſtießen, nach dem Innern der Familie zu erkundigen, und brachte durch Subtrahiren und Addiren heraus, daß der Beſitzer dieſes Schloſſes der alte Herr von Plattenau, der närriſchſte Kauz, ſeine Schweſter eine alte Jungfrau, wie die mehreſten alten Jungfrauen, die ſcheinheiligſte Katze; das Fräulein Louiſe aber das gutherzigſte, vortreflichſte Geſchöpf von der Welt ſeyn muß.

Ja=

Jakob. Dies Facit, was Sie aus Ihrer schönen Rechnung ziehen, enthält keine Ziffer von Hoffnung.

Graf. Hör' erst weiter. Du weißt das Beste noch nicht. Das Fräulein, das nun der Beschreibung nach das göttlichste Mädchen seyn muß, denn wer von ihr spricht, kann nie wieder zum Aufhören kommen.

Jakob. Wie gesagt!

Graf. Das Fräulein also soll an einen sehr betagten, und, aller Beschreibung nach, sehr häßlichen benachbarten Grafen verheyrathet werden, dessen Namen mir aber Niemand zu nennen wußte, weil er erst vor kurzem das Gut in der Nähe gekauft hat. — Der Name thut auch nichts zur Sache.

Jakob. Ah! Malheur! Muß denn alles, wo wir Lust haben anzupochen, verheyrathet oder versprochen seyn?

Graf. Desto besser! Höre nur! Das Fräulein hat aber rein heraus ihre Abneigung dagegen zu erkennen gegeben, und deklarirt, daß sie eher sterben, als ihn heyrathen wollte.

Jakob. Land! Land!

Graf. Nun wirst Du als ein erfahrner Praktikus wissen, daß dieser Seelenzustand bey den Mädchen die Grenzscheidung ist, wo man oft den besten Hasen auf sein Revier locken kann. Ehe sie stirbt, wird sie sich lieber dem ersten, besten Lecker in die Arme werfen.

Jakob. (*führt ihn vor den Spiegel*) Ihr Gnaden vergessen sich selbst in gehörigen Anschlag zu bringen.

Graf.

Graf. (lächelnd) Narr! — Nun denn — häßlich bin ich doch auch nicht. Und daß sie mir gar keinen Blick zugeworfen hat, ist doch besser, als wenn sie mich mit Verachtung angesehen hätte.

Jakob. Richtig!

Graf. Du siehst: ich habe alles gethan, was mir möglich war; nun ist die Reihe an Dir. Du weißt, daß ich weniger Deine Hände und Füße, als Deinen Spitzkopf in so gutem Solde habe.

Jakob. (mit einem Bückling) Danke unterthänigst.

Graf. Ich werde mir wohl noch die Mühe geben sollen, Dir zu schmeicheln. — Jetzt also mußt Du darauf denken, wo, wie, und auf was Art ich sie am besten sprechen kann. Denn auf die gewöhnliche Art hinzugehen, und seine Aufwartung zu machen, ist mir zu langweilig, und ich scheue die Umwege — also! strenge Deinen Hirnkasten an! hier ist Ehre einzulegen.

Jakob. Ist allerdings nicht leicht; doch ein Genie verwandelt Granitfelsen in Pflaumfedern! — Vor allen Dingen, gnädiger Herr! müssen die Alten in Betracht gezogen werden.

Graf. Wohl!

Jakob. Haben Sie kein Steckenpferd gewittert?

Graf. O, Steckenpferde die Menge.

Jakob. Nun?

Graf. Der alte Plattenau soll ein wahres Original seyn. Er soll ein ganzes Kabinet von Tobacksdpfeifen haben, die er alle Morgen zwey Stunden lang mustert; soll den ganzen Tag die Pfeife

M 5   nicht

nicht aus dem Munde bringen. Statt sich nach
der Uhr zu richten, berechnet er alle Distanzen der
Zeit nach Tobackspfeifen. Das Essen, z. E.
darf nicht eher aufgetragen werden, als bis seine
vierte Pfeife aus ist. Der Küster darf Sonntags
nicht eher zur Kirche läuten, als bis seine Pfeife
aus ist. Alles auf dem Schloß, Knecht, Magd,
Bediente u. s. w. muß Toback rauchen, und er soll
untröstlich seyn, daß seine Schwester und seine Tochter sich noch nicht angewöhnen wollen, mit ihm ein
Pfeifchen zum Kaffee zu rauchen.

Jakob. Ha! ha! Scharmant! den können
wir brauchen. Nur weiter, wenn ich unterthänigst
bitten darf.

Graf. Er hat seine Tochter dem alten Grafen
deshalb versprochen, weil jener ihm einen Pfeifenkopf geschenkt hat, woraus Sultan Selim II. geraucht haben soll, und so bald er ihm einen andern
seltenen Kopf, woraus der Bassa von Choczim geraucht hat, versprochenermaßen überliefert, so soll
alsbald die Hochzeit angestellt werden.

Jakob. Unbegreiflich närrisch! — Nun wär
noch die scheinheilige Lukrezia in Betracht zu ziehen.
— Bekanntlich sind dergleichen Geschöpfe sehr nah
mit dem Satan verwandt, und in ununterbrochener
Correspondenz mit ihm.

Graf. Hasenfuß!

Jakob. Ja, wissen Sie denn nicht mehr, daß
unsre meisten Plane durch Frömmlinge vereitelt wurden, denen Sie zu viel trauten?

Graf.

Graf. Ja, von der weiß ich nichts, als daß sie außerordentlich fromm ist.

Jakob. Halt! Sagten Sie nicht, sie sey eine alte Jungfer?

Graf. Ja.

Jakob. Viktoria! So ist sie auch verliebt! — Mein Plan ist fertig. Mit dergleichen Damen weiß ich umzugehen. Ich habe leider einmal auf Universitäten mich auf Befehl meines Beutels mit so einem scharmanten Kinde schleppen müssen. Nun — so hören Sie meinen Plan.

Graf. Ich bin neugierig, was dein Gehirn für Basilisken brüten wird.

Jakob. Keine Basilisken — Alltagsgeschöpfe — aber ächte Race.

Graf. Nu?

Jakob. Ich gebe mich für ihren Hofmeister aus, der Sie auf Reisen begleitet. Wir nehmen Ihren schönsten Meerschaumenen Pfeifenkopf, und meinen hölzernen mit uns. Für jeden wird eine Genealogie und Geschichte erdacht. Ich stelle mich so enthusiastisch für Pfeifen und Toback, als er es nur immer seyn kann, das gewinnt uns den Alten. Bey der Schwester bin ich fromm, und mache ihr auf das andächtigst = verliebteste die Cur. Kann nicht failliren. — Aber für Sie, gnädiger Herr, halte ich am vortheilhaftesten, wenn Sie sich taub und stumm anstellten.

Graf. Taub und stumm? Bist Du toll? Wozu das?

Ja=

Jakob. Ich bedaure unterthänigst, daß ich Ihnen das erst erklären muß.   Fürs erste, wär' jedem Liebhaber beym ersten Rendezvous mit seiner Geliebten zu rathen, sich für stumm auszugeben; denn da hat man viel zu viel zu sagen, als daß man etwas gescheides sagen könnte.   Zweytens können Sie auf die Art die beste Bemerkung machen, ob ihr Aeußeres, denn das ist doch bekanntlich beym Frauenzimmer die Hauptsache, des Fräuleins gnädigen Applaus hat.   Drittens wird man vieles sagen, was man nicht sagen würde, wenn Sie nicht taub wären. Viertens —

Graf. Bube! Aus welchem Kloster bist Du entsprungen?

Jakob. Aus keinem.   Aber meiner Mutter Beichtvater war ein Jünger des heiligen Ignatius.

Graf. Ha, ha, ha! drollicht! närrisch! mehr als närrisch! Jakob! Dein Vorschlag wird angenommen! Kein Jota ändre ich an Deinem Plan. Er verdient seiner Sonderbarkeit wegen, wenigstens begonnen zu werden.   Mißglückt er — nun, so ist er ja nicht der erste, und so lange es hier (auf die Tasche zeigend) nicht Ebbe ist, fürcht' ich nichts.

Jakob. Und haben auch nichts zu fürchten.

Graf. Also frisch ans Werk! Komm mit mir ins obere Zimmer, da wollen wir alles zusammen suchen, was zum Zweck dient, und dann aufs Schloß.

Jakob. Machen Sie Ihre Sachen so gut wie ich, so gehts gewiß.   Wenigstens solls an Spas nicht fehlen.

                                    Graf.

Graf. Wenn ich nur das Lachen laſſen kann. Hahaha! (beyde lachend ab.)

Fünfter Auftritt.

(Zimmer auf dem Schloſſe.)

Herr von Plattenau (ſitzt gemächlich am Kaffee-tiſch), raucht aus einer Pfeife mit einem langen Rohr. Auf dem Tiſch liegen einige andere Pfeifen, auf ſeidenen Tüchern. In der Hand hält er einen anderen Meerſchaumenen Kopf, den er mit einem ſeidenen Tuche polirt.) Am andern Tiſch ſitzt **Claudia**, und lieſt in einer großen Poſtille. Neben ihr ſitzt **Louiſe,** und ſtrickt.

Claudia. O Bruder! daß Du heut nicht in der Kirche wareſt! Ein köſtlicher Schatz von himm-liſchen Glaubensperlen iſt Dir entgangen. Unſer Herr Magiſter hat Dir heut eine Predigt gehalten — eine Predigt! Eine Predigt! — Das Herz im Lei-be hätte einem zerſpringen mögen vor Herzeleid. — Gleich wie er auftrat — (ſteht auf, und predigt) und Wehe! Wehe! ausrief, über die Gottloſen, und eiferte auf die böſe Welt, und das hoffärtige Leben —

Louiſe. Liebe Tante! Ich will Ihnen was ſagen.

Claudia. Nun?

Louiſe.

Louise. Sie und der Magister reden immer so viel von der bösen Welt — Ich weiß nicht: mir kömmt die Welt nicht bös vor. Ich bin mit allen Menschen gut, und alle Menschen sind mit mir gut.

Claudia. Kind! das verstehst Du nicht. Die Tücken, Verfolgungen und Ränke der Welt hast Du noch nicht erfahren.

Louise. Das müßte seyn. Aber wissen Sie, wie mirs vorkömmt? Grade wie bey unserm Kettenhund. Wenn man den angreifen will, und getraut sichs doch nicht, und zittert, und zagt dabey, so beißt er grade am ersten. Aber wenn man frisch auf ihn zugeht und ihn recht herzhaft an dem Kragen packt, so läßt er sich alles gefallen, und leckt einem Naß' und Hände. Ich glaube, wenn man sich einbildet, die Menschen sind gut, so sind sie auch gut.

Claudia. Du bist nicht recht gescheid.

Plattenau. Ha! ha! Ein drollichter Einfall.

Sechster Auftritt.

Hanns (mit einem Briefe) Vorige.

Hanns. Einen Brief, gnädiger Herr.

(geht ab.)

Sie=

Siebenter Auftritt.

Plattenau, Claudia, Louise.

Plattenau. (lieſet) rrr — angekommen — rrr Baſſa von Choczim — rrr — das iſt herrlich) — Schweſter! Schweſter! Freue Dich mit mir! Der Baſſa von Choczim iſt angekommen.

Claudia. Was? Wer iſt angekommen? Er wird doch dieſen Mittag nicht mit uns eſſen wollen? Ich habe mich ja gar nicht dazu eingerichtet.

Plattenau. Ha, ha, ha! Du Närrchen! das freut mich, daß Du mich falſch verſtehſt.

Claudia. Falſch verſtehſt — nun wie denn?

Plattenau. J Du Aeffchen! Ich meyne den Pfeifenkopf, den mir der Graf Sternberg verſprochen hat, woraus der Baſſa von Choczim geraucht hat.

Claudia. Ach, mit Deinen ewigen Tobacksköpfen! wenn wirſt Du einmal aufhören, die edle Zeit ſo zu verſchwenden!

Plattenau. Höre Schweſter! Du lieſeſt in Deiner Poſtille, weil Dirs Spaß macht, und ich polire meine Pfeifenköpfe, weil mirs Spaß macht. Er hat den Amtmann mit dem Kopf vorausgeſchickt. Der iſt unten im Gaſthof abgeſtiegen, und will gleich ſeine Aufwartung machen. Mach geſchwind noch etwas zum Deſert. Aber nichts ſüßes

süßes und nichts saures, sonst schmeckt das Dau=
ungs = Pfeifchen nicht.   Hörst Du?

(Claudia ab.)

Achter Auftritt.

Plattenau, Louise.

Plattenau. Aber Du, Louise, freue Dich!
Mit dem Baßa von Choczim naht sich zugleich das
fröhliche Ende Deines Fräuleinstandes.

Louise. Was geht denn dem Baßa von Choc=
zim mein Fräuleinstand an?

Plattenau. Du weißt doch, daß ich Dich dem
Grafen unter der Bedingung versprochen habe.

Louise. Höre, liebes Papachen! Kannst Du
Dir denn wirklich einbilden, daß ich das jämmerli=
che Storchbein heyrathen werde?

Plattenau. Ha, ha, ha! da hast Du Recht!
Ein wahres Storchbein ist der Kerl. Ha, ha,
ha! — Aber siehst Du, ich hab' ihm einmal ver=
sprochen —

Louise. Papa! Probier's einmal. Stalle ein=
mal die Lerche mit dem Widehopf zusammen! Es
paaret sich in Ewigkeit nicht.

Plattenau. Ha, ha, ha! Ein drollichter Ein=
fall! — Aber ich hab's ihm versprochen, und das
wär das erstemal, daß ich mein Wort bräch!

Louise. (determinirt) Höre Papa! Und wenn
Dir der Prophet Mahomet seine Sonntags = Pfeife

schenk=

ſchenkte; daraus wird wahrlich nichts. (dreht ſich auf dem Abſatz um.)

Plattenau. Ha, ha, ha! Der Prophet Mahomet — ſeine Sonntags-Pfeife, ha, ha, ha! Mädchen Du machſt mir viel Spaß mit Deinen Einfällen! Aber ſieh nur, mein Kind, der Graf iſt aus einem alten berühmten Hauſe, und hat ein fürſtlich Einkommen.

Louiſe. Ey pfui, Papa! Wer wird ums Gelds willen heyrathen! Ey ſchäme Dich, Papa! Nein, Louiſe heyrathet nicht anders als aus Liebe.

Plattenau. Das freut mich, daß Du ſo denkſt. Aber ſiehſt Du, ſein Schloß liegt nah an der Reſidenz, und da ſind eine ganze Menge hübſcher Kerlchen, Officiere wie gemahlt, und Junker wie gedrechſelt. Da kannſt Du Dir hernach einen wählen, wenn Du willſt. Dafür ſteh ich Dir: eiferſüchtig iſt das Storchbein nicht.

Louiſe. Höre, Papa! das kann Dein Ernſt nicht ſeyn. Nein! wen Louiſe einmal liebt, den liebt ſie allein, und in alle Ewigkeit, und damit hollah. (dreht ſich auf dem Abſatz um.)

Plattenau. Ha, ha, das iſt mir auch lieb, daß Du ſo denkſt. Wenn Dirs nur Spaß macht. (ernſthaft) Aber heut Abend iſt Verlöbniß.

Louiſe. (tanzt und trallert) Und wenn mein Schätzchen ein Nelkenſtock wäre.

Plattenau. Louiſe! Komm her zu mir! Sieh Mädchen, Du biſt mein Augapfel: Du machſt mir viel Spaß auf der Welt. Ich möchte Dich gern recht glücklich ſehen.

N

Louiſe.

Louiſe. (hüpft ans Klavier und klimpert) Ja, ja! das weiß ich wohl! deswegen willſt Du mich an den Grafen vertauſchen!

Plattenau. Vertauſchen? — höre Louiſe! Der Einfall gefällt mir nicht.

Louiſe. Iſt aber doch wahr. Um einen Pfeifenkopf willſt Du mich vertauſchen. Freylich iſt der Baſſa von Choczim mehr werth, als die einfältige Louiſe. (klimpert mit einer Hand fort.)

Plattenau. Donnerwetter! — (ſanft) Bey einem Haar wär mir die Pfeife ausgegangen: daran wärſt Du ſchuld geweſen. Setz Dich her zu mir, Louiſe, ich will Dirs erklären, wie ichs eigentlich meyne, und Du wirſt mir gewiß Recht geben, und wirſt mir das Herz nicht mehr mit ſolchen dummen Einfällen ſchwer machen.

Louiſe. Du weißt, ich ſitze nicht gern. Ich will vor Dir ſtehen. Nun erkläre mirs, wie Du's meynſt.

Plattenau. Aber Du mußt mich ausreden laſſen.

Louiſe (ihn ſtreichelnd) Du weißt ja, daß ich Dich ſo gern reden höre. Aber nur gut mußt Du es mit mir meynen.

Plattenau. Und daran zweifelſt Du?

Louiſe. Heut zum erſtenmal. Nun erkläre, Papachen!

Plattenau. Siehſt Du, mit dem Pfeifenkopf iſts natürlich nur Spaß. So lieb mir der Kopf iſt, ſo werd' ich doch nicht dafür meine gute, liebe Louiſe vertauſchen, wie Du vorhin recht dumm geſagt haſt.

Louiſe.

Louiſe. Ja, lieber Papa, ich dachte, Du —

Plattenau. Still! und höre mich aus! Siehſt Du! Erſtens! wenn der Menſch luſtig ſeyn ſoll, ſo kömmts nicht auf die äußern Umſtände an, ſondern wenn er leichtes, geſundes Blut hat, ſo iſt er froh, er mag ſeyn wo und was er will. Zweitens: ſind alle junge Edelleute heut zu Tage ſo beſchaffen, daß ſich zwar recht gut mit ihnen tanzen läßt; aber wovon Du keinen heyrathen darfſt, wenn Dein ganzes Blut in vierzehn Tagen nicht in Galle verwandelt ſeyn ſoll: und heyrathen ſollſt Du ſobald als möglich; denn es giebt keine böſern Geſchöpfe als alte Jungfern; das ſiehſt Du an Deiner gottſeligen Tante. Drittens: hat der Graf ein fürſtlich Vermögen, womit Du Dich für langer Weile ſchützen kannſt, und iſt über die Jahre weg, wo man alle Augenblicke Gefahr läuft, ſein Haab und Gut in der großen Welt=Lotterie zu verſpielen. — Siehſt Du, mein Kind, aus dem allem kannſt Du abnehmen, daß ichs gut mit Dir meyne, wenn ich ſage: heyrathe den alten Grafen Sternberg mit ſammt ſeinen Storchbeinen! — Nun, was ſtehſt Du ſo da? — Was iſt das für ein Alltagsgeſicht?

Louiſe. (die immer ernſthafter worden iſt, bricht in Thränen aus) So haſt Du noch nie mit mir geſprochen.

(mit vorgehaltenem Schnupftuch laut weinend ab.)

Plattenau. Louiſe! Louiſe! So bleib doch! was iſt Dir denn? Ich hab Dich ja nicht geſchimpft! Kein böſes Wörtchen hab ich ihr geſ— (will ab.)

Neun=

Neunter Auftritt.

Hanns kömmt schnell herein, mit der Pfeife im Munde, und stößt den Plattenau mit seinem Bückling, daß er zurück taumelt.

Hanns. Gnädiger Herr!

Plattenau. Ha, ha, ha! Hanns Tölpel. Deine Komplimente werfen mich zu Boden.

Hanns. Der Herr Amtmann von Schalldorf läßt sein unterthänigst Kompliment vermelden, und — und er steht schon vor der Thür unten, und macht sich die Schuh rein.

Plattenau. Er soll sogleich herauf kommen. Braucht nicht erst die Schuh rein zu machen. Geschwind Hanns! eine Pfeife vom besten Knaster für ihn parat gehalten.   (Hanns ab.)

Zehnter Auftritt.

Plattenau (allein.)

Nun bin ich neugierig auf den Bassa von Choczim. (sinnt) Ich werd' ihn wohl Nr. 13 placiren müssen. (setzt sich phlegmatisch) Was das Laufen einen müde macht. Nun, soll mich auch nichts wieder von meinem alten, treuen Polster wegtreiben.

Elf-

Elfter Auftritt.

Amtmann, mit Karrikatur gekleidet, ein Kästchen unterm Arm, Hanns präsentirt ihm beym Eintritt eine brennende Pfeife, die er annimmt, einige Schritte vortritt, und Voriger.

Plattenau. Guten Morgen, Herr Amtmann!
Wo hat Er den Bassa von Choczim?

Amtmann. (sich räuspernd) Nachdem es Sei-
ter Excellenz dem Herrn Grafen von Sternberg,
meinem allergnädigsten Herrn gelungen, zu der Pos-
session desjenigen Pfeifenkopfs, als welcher unter
allen denjenigen Köpfen, welche das Auge des Ken-
ners zu belustigen im Stande sind, derjenige ist, wel-
her der vortrefflichste genannt zu werden verdient,
zuförderst zu gelangen, als sind Sr. Excellenz, der
Herr Graf von Sternberg, mein allergnädigster Herr,
gesonnen gewesen, durch mich, Deroselben unter-
thänigsten Knecht, obgemeldete Rarität in gegen-
wärtigem Kästlein, an Ew. Gnaden den Herrn von
Plattenau gefälligst gelangen zu lassen. Da nun
nicht nur bloß alleine Sr. Excellenz, mein allergnädigster Herr, sein an Ew. Gnaden gethanes Ver-
sprechen auf das pflichtmäßigste zu erfüllen gedenken,
sondern auch nachhero, Sr. Excellenz, mein allergnädigster Herr, des ohnlängst mit Ew. Gnaden ge-
pflogenen Vertrags eingedenk sind, von wegen der
ehebaldigsten Mariage mit Ew. Gnaden Fräulein
Tochter; als — als — wird — als — als —
werden — als —

N 3	Plats

Plattenau. Zugeraucht! die Pfeife verlöscht!

Amtmann. (dampft verwirrt) Als wird — als werden, als ist nachhero — (angstvoll) Ich flehe unterthänigst um Verzeihung! Ew. Gnaden haben mich herausgebracht.

Plattenau. Ha; ha, ha! das freut mich, das ist mir lieb! ha, ha! Herr Amtmann! Er hat Seine Lektion nicht gut gelernt! ha, ha, ha!

Amtmann. Ich flehe unterthänigst um Permission, von vorn anfangen zu dürfen.

Plattenau. Nein, strappazire Er sich nicht! Rauch' Er Sein Pfeifchen in Frieden. Ich weiß schon was Er will. Vor allen Dingen den Bassa von Choczim.

Amtmann. (überreicht das Kästchen mit einem Kratzfuß) Als habe ich die Gnade, dies Kästlein dem Befehle Sr. Excellenz, meines allergnädigsten Herrn, gemäß, ah — mit derjenigen — derjenigen

Plattenau. Die Pfeife geht aus, halt' Er sein Maul. (hat das Kästchen geöffnet, worin der Kopf in Baumwolle gewickelt liegt) Sey mir willkommen, du edler Gast! du sollst unter meiner Pflege der Vergänglichkeit trotzen. Hanns! Meine Pfeife ist aus! (Hanns nimmt ihm die Pfeife ab.) Zu Tisch! Komme Er, Herr Amtmann! (mit dem Kästlein unter dem Arm ab, der Amtmann folgt mit gravitätischen Komplimenten.)

Ende des ersten Aufzugs.

Zwei-

Zweiter Aufzug.

(Zimmer auf dem Schloß.)

Erster Auftritt.

Plattenau, Amtmann, am Kaffeetisch rauchend, Louise, am Klavier beschäftigt, Salchen, ein-
schenkend.

Plattenau. Nu, Alter! wie schmeckt das Pfeifchen?

Amtmann. Es steht nicht nur bloß allein zu verwundern, daß der an und für sich schon vor-
treffliche Knaster, durch diese Pfeife einen ganz eige-
nen, nußartigen Geschmack erhalte; sondern auch ließe sich eben genannte Pfeife gleichsam eine Maschi-
ne nennen, welche, ohne Zuthun eines menschlichen Mundes, den Toback in Rauch zu verwandeln im Stande sey: also vortrefflich und leicht gehet das Rauchungswerk von statten.

Plattenau. Nicht wahr? Nicht wahr? Und nun — wer glaubt Er wohl, mag ehedem aus dieser Pfeife geraucht haben?

Amtmann. In dieſer äußerſt kritiſchen Anfrage muß ich meine unterthänigſte Unwiſſenheit zu erkennen geben.

Plattenau. Nu, ſo will ichs Ihm ſagen, Czaar Peter, der Große!!!

Amtmann. Ach! ich bin unmaßgeblich des blaſſen Todes! Czaar Peter, der Große!

Plattenau. Ja, ja! ſieht Er! Czaar Peter, der Große! Zugeraucht! Nun iſt er mein!

Amtmann. Hem! Eheu! Ohe! Ich bin gewürdigt, meinen Mund an diejenige Pfeife zu legen, welche Peter des Großen großfürſtliche Lippen berührt haben.

Plattenau. Ja, ja, ſieht Er!

Amtmann. Hm! hm! Darum wurde mir's ſo wunderlich zu Muthe, als ich die zwey erſten Züge daraus that! das hat mir unmaßgeblich geahndet!

Plattenau. Ha, ha! möglich. Aber nun hör' Er die wunderliche Geſchichte, wie ich zu dem Phönix von Pfeifenkopf gekommen bin!

Amtmann. Mein Blut ſteht unmaßgeblich ſtill vor Aufmerkſamkeit.

Plattenau. Sieht Er! Es war einmal an einem ſchönen Sommerabende, als ich vor der Thür —

Zwey-

Zweyter Auftritt.

Hanns, Vorige.

Hanns. Gnädiger Herr, es sind zwey fremde Herren im Vorsaal. Sie sagen, sie wären — englische Lordge, und verlangen Ew. Gnaden zu sprechen.

Plattenau. Laß sie hereinkommen. (Hanns ab.) Ich will's Ihm hernach auserzählen.

Dritter Auftritt.

Graf Wilhelm von Sternberg, als ein junger Mode = Engländer gekleidet, mit rundem Haar und Hut, ohne Degen. **Jakob,** schwarz gekleidet, mit einer runden englischen Perüke mit Degen: Beyde treten mit höflicher Prätension ein. **Ein Knabe** mit einem Kästchen bleibt an der Thür stehn. **Hanns,** präsentirt zwey brennende Pfeifen. Jakob nimmt sie an, Graf schüttelt mit dem Kopfe. **Vorige.**

Plattenau. (zu den Fremden) Meine Herren, rauchen Sie Toback?

Jakob. Es giebt keinen größern Verehrer dieser balsamischen Blätter, als ich.

Plattenau. Scharmant! balsamische Blätter! Ein scharmanter Einfall. —

N 5 (Graf

(Graf macht eine stumme, bedeutende Verbeugung gegen die Frauenzimmer. Louisen sieht man etwas Verwirrung an. Sie zieht Salchen bey Seite und spricht mit ihr.)

Plattenau. Sind Sie Engländer? Das freut mich! Ich bin den Engländern gut, das sollen meist gelernte Raucher seyn. (setzen sich) Und was bringt Sie zu mir?

Jakob. Ich bin Lord Nickelson, der mehr seines armen Cousins wegen, der das Unglück hat taub und stumm geboren zu seyn —

Salchen (halb laut) Taub und stumm!

Louise. Ach du lieber Gott!

Jakob. Als seinetwegen Deutschland zum zweytenmal durchreiset. Der schönen Gegend wegen hielten wir uns länger hier auf, als wir anfangs wollten, und hörten zu viel vortreffliches von Ihnen, als daß wir es nicht hätten wagen sollen, Ihre nähere Bekanntschaft zu machen.

Plattenau. Das ist mir lieb, daß Sie viel Gutes von mir gehört haben.

Jakob. Unter andern trifft sichs ganz sonderbar, daß ich), so wie man mir auch von Ihnen gesagt hat, eben so ein leidenschaftlicher Liebhaber von Toback und seltenen Tobacksköpfen bin.

Plattenau. Sind Sie das? Sind Sie das? Das ist mir lieb! Ihre Hand, wir sind Freunde!

Jakob. Um mich nun bey Ihnen in einigem Andenken zu erhalten, nehm' ich mir die Freyheit, Ihnen mit zwey Köpfen von der seltensten Art ein kleines Präsent zu machen. (winkt dem Knaben.)

Plat-

Plattenau. Gehorſamer Diener! Sehr verbun=
den. Nu?

Jakob. (hat das Käſtchen geöffnet) Dieſer ſchlech=
te Hölzerne iſt aus Nordamerika, und wurde bey
einem wilden König, Okolokoo genannt, gefunden,
der von den Engländern in einem Treffen erſchlagen
wurde.

Plattenau. (außer ſich) Aus Amerika! Ein
Wildenkönig! Herr Amtmann, ſieht Er! — Oko=
lokoo hieß er?

Jakob. Ja.

Plattenau. Das müſſen wir drüber ſchreiben! —
Und was iſt dieſer da für ein Burſch? Ah! der iſt
ſchön!

Jakob. Das iſt des König Jakob II. Morgen=
pfeife, die er meinem Urgroßvater für einen treuen
Dienſt geſchenkt hat.

Plattenau. Schön! prächtig! herrlich! aller=
liebſt! Louiſe! Louiſe, ſieh nur! Wie gefallen Dir
die Köpfe?

Jakob. Iſt das Ihre Fräulein Tochter?

Plattenau. Ja.

Jakob. (küßt ſie gravitätiſch auf die Stirne) Ich
bin Ihr Diener, mein Fräulein.

Graf. (küßt ihr höflich und zärtlich die Hand.)

Louiſe. (ſchamhaft.) Angenehm, kennen zu
lernen.

Plattenau. Jetzt, meine Kinder, Hut, Stock
und Degen abgelegt. (legen ab) Ihr ſeyd meine Gä=
ſte auf Jahre lang, wenn Ihr wollt: und nun
kommt geſchwind mit in mein Pfeifenkabinet, da

wer=

werdet Ihr Euer blaues Wunder sehen! Kommt!
Ihr sollt mir diesen Fremdlingen Quartier anweisen
helfen. (nimmt beyde bey der Hand.)

Jakob. Wenn es Ihnen gefällig wäre, so wollt
ich meinen Taubstummen hier zurück lassen.

Plattenau. Ja wohl, der versteht so den Gu-
kuck davon. (stutzt) Bliz! das ist ein scharmanter
Junge! Schade, daß er taub und stumm ist.

Louise. (halb laut) Ja wohl!

Plattenau. Du, daß Du mir nicht etwa!
Du Naseweischen. Ah, am besten ists, Du gehst
mit ins Pfeifenkabinet.

Louise. Ach Papa, ich habe ja Deine Köpfe
alle schon gesehen. Laß mich hier. (halb laut) Der
Herr ist ja taub und stumm.

Plattenau. Und wär er blind obendrein, so
habt Ihr die Männer am liebsten.

Louise. Ich verspreche Dir die ganze Zeit über
mit Salchen am Fenster zu stehen.

Plattenau. Na, mit der Bedingung. Herr
Amtmann, geb' Er selbst Acht, daß keine Eule in
Seines Herrn Taubenschlag wischt.

Amtmann. Nach Ew. Gnaden Befehl!

(Jakob mit Plattenau ab.)

Vier=

Vierter Auftritt.

Amtmann, Graf, Louise und **Salchen,** die den Graf von der Seite betrachten.

Amtmann. Wollten Ew. Gnaden nicht geruhen sich nach Dero Herrn Papa gnädigem Befehl an das Fenster zu stel —

Salchen. Ach gehn Sie weg! Sie sehn ja, daß wir hier alle Augen voll zu sehen haben.

Amtmann. Nu meintwegen, — aber — (geht an die Seite.)

Louise. Höre, Salchen, taub und stumm mag der Herr wohl seyn, aber blind ist er gewiß nicht! Sieh nur die Augen, die er hat!

Salchen. Ein paar schöne Augen!

Amtmann Wollten Ew. Gnaden nicht geruhen —

Louise. Euer Gnaden wollen n i c h t geruhen.

Amtmann. Nu, meintwegen — aber — (wie oben.)

Salchen. Sehn Sie nur, er lacht! er lacht!

Louise. Allerliebst! (hält die Hände vors Gesicht) Ach! itzt hat er mich angesehn! — Probir's einmal, und laß Dich auch so von ihm ansehn; Du kannst gewiß das Rothwerden nicht lassen.

Salchen. (stellt sich ihm ins Gesicht) Das wäre! (Graf blickt sie ernst an) Da wüßt' ich nicht, wie ich roth werden sollte!

Amt=

Amtmann. Nu, nu! — wenn — unmaß=
geblich — aber — nu!

Louise. Ach, jetzt hat er mich wieder angesehn!
Ach Salchen, Dich kann er unmöglich so angesehn
haben, wie mich, sonst wärst Du gewiß roth wor=
den, bis an die Nasenspitze! —

Amtmann. (resolut) Ew. Gnaden lasse hie=
mit unverholen; was maßen meine Pflicht erfordert,
dergleichen Redensarten dem gnädigen Herrn Vatern
auf das baldmöglichste zu insinuiren.

Louise. (heimlich zu Salchen) Schaff' mir nur
den Kerl vom Hals.

Salchen. Gleich! (laut) Ach, es ist auch
wahr! Sie haben Recht, Herr Amtmann! (zu Louis=
sen) Kommen Sie, lassen wir den tauben Star!
was helfen uns seine blauen Augen, wenn man kein
gescheides Wort mit ihm sprechen kann.

Amtmann. Recte dictum! Schön gesagt,
Mamsell! Gnädiges Fräulein, lassen Sie sich un=
terthänigst — äh —

Salchen. Kommen Sie, wir wollen uns ein
wenig im Kabinet ans Fenster stellen, da haben wir
die schöne Aussicht ins Kornfeld. — Wollen Sie uns
Gesellschaft leisten, Herr Amtmann?

Amtmann. Von Herzen gern, wenn Euer
Gnaden erlauben, daß ich der Gnade — äh —

Louise. Warum denn nicht?

Salchen. Sie sollen uns was erzählen! —
Nun seyn Sie so gütig, spazieren Sie voran!
(öffnet die Seitenthür.)

Amt=

Amtmann. O, ich deprecire allerunterthä=
nigst — fürwahr und gewiß, das würde sich nicht
schicken.

Louise. Potz Komplimente und kein Ende!
Hinein! Hinein!

Amtmann. Nu, wenn Ew. Gnaden es durch=
aus also befehlen —

(geht gravitätisch hinein, und Salchen schlägt die
Thür hinter ihm zu.)

Salchen und **Louise.** (lachen) Ihre Diene=
rinn Herr Krautwächter! ha, ha, ha!

Amtmann. (von innen) Ey pfui! Euer Gna=
den, das ist gar nicht schön, einen alten Mann so
zu disgustiren.

Salchen. Merken Sie sichs! Eine Heerde Haa=
sen kann man eher hüten, als ein einziges Mäd=
chen! (zu Louisen) Aufmachen kann er inwendig
nicht: und damit er nicht irgend durch eine Ritze
kuckt, wollen wir herüber auf die Seite treten.
Sprechen wollen wir leise genug, daß er nichts ver=
stehn soll.

(Amtmann hat indessen das Fenster über der Thür
geöffnet, und sieht heraus.)

Louise. Gut — aber — höre — mir wird so
wunderlich zu Muthe — ich zittre glaub' ich gar.
Seh' ich nicht blaß aus?

Salchen. Blaß wie eine Rose! Was ist denn
da zu zittern? wir thun ja weiter nichts, als daß
wir den schönen Taubstummen ansehen. Kommen
Sie herüber. (faßt sie an der Hand, und führt sie
auf die Seite.)

Graf.

Graf. (geht auf Louisen zu, und ergreift zärtlich ihre Hand.)

Louise. Sieh! Sieh!

Graf. (seufzt tief.)

Louise. Er seufzt! (seufzt mit) Er drückt mir die Hand! Salchen, nimm doch einmal seine linke Hand, und sieh' ob er sie Dir auch drückt.

Salchen. (thut es) Ich fühle nichts.

Louise. Ich will ihm die Hand wieder drücken; soll ich?

Salchen. Nein, nein! Pfuy!

Louise. Ach, ich habe sie ihm schon gedrückt.

Graf. (küßt ihre Hand.)

Louise. Ach, Sieh! Sieh!

Graf. (fällt auf die Knie.)

Louise. (aufschreiend.) Ah!

Graf. (steht auf.)

Salchen. St! St! Kommen Sie fort!

Louise. Wohin denn?

Salchen. Fort! Fort! der Teufel hat manch=mal sein Spiel —

Louise. Ach, wie denn? Er ist ja taub und stumm.

Salchen. O, deswegen — — aber wenn je=mand käme!

Louise. Ey, ich geh nicht weg! wer weis, wenn ich wieder einen so hübschen Taubstummen seh.

Salchen. So kommen Sie wenigstens herein, ins Kabinet!

Louise. Wenn aber der Papa kömmt?

Sal=

Salchen. Schadet nichts: ſo ſprechen wir, wir hätten dem armen Taubſtummen, der doch ſonſt weiter keinen Spaß hat, als den er ſich mit den Augen macht, die ſchöne Ausſicht in den Blumengarten zeigen wollen.

Louiſe. Gut, gut! aber Du mußt ihn hinein führen.

Salchen. Wir wollen ihm winken: er kommt wohl ſo. (winken ihm, und gehen mit ihm ins andre Kabinet.)

Fünfter Auftritt.

Amtmann (allein, aus dem Fenſter über der Seitenthür).

Gleichergeſtalt ſind aber auch eher eine Heerde Frauenzimmer zu überrumpeln, als ein einziger Amtmann zu betrügen. — Ich werde unmaßgeblich verſuchen, hier auszuſteigen, und dem Herrn von Plattenau alles dasjenige, als welches — (ſteigt zur Hälfte mit einem Bein heraus.)

Sechster Auftritt.

Jakob, Claudia, Amtmann.

Claudia. (im hereingehen) Darf ich fragen, Herr von Lord, was Sie befehlen?

O   Ja,

Jakob. (mit Grandezza) Dreymal und abermal dreymal gebenedeyt sey mir der glückliche Augenblick, wo ich endlich des überschwenglichsten Glücks gewürdigt bin, Sie, die frömmste, huldreichste, holdseligste aller Jungfrauen von Angesicht zu Angesicht zu sehn.

Claudia. (verschämt) O, ich bitte recht sehr —

Jakob. O, wär' es mir doch vergönnt, diese wohlthätige Hand an meine gluterfüllten Lippen zu drücken.

Amtmann. (versteinert) Quæ! Qualis! Quanta!

Claudia. (sieht sich erschrocken um, indem sie ihm die Hand hinhält, die er küßt) Still, still, ich höre jemand! (ruhig) O, Sie loser Herr von Lord! belieben Ihre Kurzweil' mit mir armem, gutem, unschuldigem Mädchen zu treiben. —

Jakob. Kurzweil? — Ehe soll Himmel und Hölle —

Claudia. Ach behüte und bewahre! Sie garstiger Mann, wer wird denn gleich so fluchen! — (höflich) Darf ich nochmals fragen, was zu Ihrem Befehl?

Jakob. Nun, so hören Sie denn — aber — Verzeihung, allerverehrungswürdigste Ihres Geschlechts; wenn der Bliz aus ihrem Auge zuweilen den Fluß meiner Rede hemmt.

Claudia. Ach, Sie sind allzu gütig!

Jakob. (für sich) Nun, Amor, hilf mir lügen! (laut) Meine Familie ist eine der reichsten und angesehensten in England, und ich bin der einzige

Stamm=

Stammhalter der einen Linie. Von allen Seiten
ward mir angelegen, mich zu vermählen; allein ich
konnte mich unmöglich dazu entſchließen, weil meine
Denkungsart, dem Himmel ſey Dank! — ſich mit
der Zügelloſigkeit, Bosheit, Hinterliſt, Frechheit
und Gottloſigkeit der heutigen Frauenzimmer durch=
aus nicht vereiniget. — Allein vor vier Monaten
erhielt ich — gebenedeyt ſey mir die Stunde, da
ich ihn erhielt! — einen Brief von einem meiner in=
timen Freunde aus Göttingen, der meine Denkungs=
art kannte, worinn er mir ſchrieb, daß er das gott=
ſeligſte, frömmſte, tugendhafteſte und keuſcheſte Frau=
enzimmer habe kennen lernen. —

Claudia Und darf man ſich nach dieſem Frau=
enzimmer erkundigen?

Jakob. Dieſe Schönheitsroſe — dieſes Un=
ſchuldsveilchen, dieſe Keuſchheitslilie ſind — Sie!

Claudia. Mein Herr von Lörd! Bedenken Sie,
was Sie ſagen. Ihre Reden könnten mich ſtolz ma=
chen: und Hochmuth kömmt vor dem Fall!

Jakob Kurz, mein Fräulein, ich reiſte ſogleich
nach Empfang dieſes Briefes ab, um dies köſtliche
Kleinod zu ſuchen. Ich langte hier an, hielt mich
eine Zeitlang hier auf, erkundigte mich, und fand —

Claudia Daß wir alle arme Sünder ſind?

Jakob. Fand, daß die Copie meines Freundes
elende Schmiererey gegen das Original ſelbſt ſey.

Claudia. Sie Loſer!

Jakob Heut' endlich wagt' ichs erſt, Ihnen
meine Aufwartung zu machen. Was ſoll ich ſagen?
Was braucht es mehr, als Sie zu ſehn, um Sie zu

lie=

lieben? (mit ftarker Affektation) Ja, mein Engel!
Ich liebe Sie, mehr, ja mehr als alle meine Reich=
thümer und Ehrenſtellen in England!—

Claudia. (in Verzückung.) Ach! Ach! laſſen
Sie mich! Sie machen, daß ich mir die Augen aus
dem Kopf ſchäme.

Jakob. Nein, nicht eher als bis Sie mich er=
hört haben. (zu ihren Füſſen) Ja, der treueſte, zärt=
lichſte Verehrer Ihrer Tugenden und Schönheit, der
reichſte Lord Englands, um den Londons Schönhei=
ten vergebens buhlten — liegt hier zu Ihren Füßen,
und fleht um— Gegenliebe!

Claudia. Laſſen Sie mich los. Sie ſtürmen
auf mein armes Herz los, daß ich einer Ohnmacht
nahe bin.

Jakob. Nicht eher, als bis Sie mein Urtheil
geſprochen haben. Was hab' ich zu hoffen? Leben
oder Tod? Seligkeit oder Verzweiflung?

Claudia (die Hand vor den Augen.) Ach! ich
kann Sie nicht mehr anſehn. Sie werden noch ma=
chen, daß ich verſcheide.

Jakob. (ſteht auf, und umarmt ſie.)

Claudia Ach, Sie unartiger, ungeſtümer Herr
von Engländer, Sie laſſen meinem armen Herzen
auch gar keine Zeit.

Amtmann. (der ſich ſo ſehr herabgebogen hat, daß
er die Knotenperüke verliert.) Ah, meine Perüke!

Claudia. (fährt auf) Der lebendige Teufel!

Jakob. Was?— Was? Warum nicht gar!
(laufen ab, ohne den Amtmann zu ſehn.)

Sie=

Siebenter Auftritt.

Amtmann (allein.)

Euer Gnaden belieben doch nur zu bemerken, daß ich weder Hörner noch Krallen besitze. Fort sind sie! Ach, ich armer, geschlagener Mann, da kann ich nun unmaßgeblich weder rück = noch vorwärts! — Hülfe! Hülfe! Ach, wer steht mir bey! — Ich halte es nicht länger aus! Hülfe! he! he!

Achter Auftritt.

Plattenau, Amtmann, Hanns.

Plattenau. Was ist das für ein Geschrey?

Amtmann. Euer Gnaden geruhen mir ar= men —

Plattenau. Nun, bin ich denn behext? Das ist des Amtmanns Stimm', und doch seh' ich ihn nicht.

Amtmann. Ach, Euer Gnaden —

Plattenau. Wahrhaftig, er ist's; da ist seine Perüke. Wo hat ihn denn der Geyer?

Amtmann. Ach allhier! Euer Gnaden belieben nur meine gefährliche Station zu beherzigen!

Hanns. Ach, gnädiger Herr, da hängt er.

Plattenau. (wird ihn gewahr und lacht.) Ha, ha, ha, ha! He, Hanns, hole eine Leiter! Wie

D 3 zum

zum Teufel iſt Er auf den hölzernen Eſel gekommen?
Ha, ha, ha!

Amtmann. Euer Gnaden geruhen nur zuvör=
derſt mir vor allen Dingen Dero gnädige Hülfe an=
gedeihen zu laſſen; ſodann werd' ich Denenſelben al=
les zu erzählen die Gnade haben.

Plattenau. Ha, ha! Hilf dem Amtmann her=
ab! (zu Hanns, der mit einer Leiter gekommen) Nu,
ſag Er mir nur, wie iſt Er zu dem trojaniſchen Hengſt
gekommen? Ha, ha, ha!

Amtmann. (der ſich geſammlet, und die Per=
ke wieder aufgeſetzt hat.) Euer Gnaden geruhen zu
vernehmen, was maßen ich, nachdem ich, Dero
gnädigen Befehl, die Bewachung des gnädigen Fräu=
leins betreffend, gemäß, zurückgeblieben, von Dero
Fräulein Tochter, unter falſchen Vorſpiegelungen in
das Kabinet gelockt und eingeſperrt worden.

Plattenau. Ha, ha, ha! Das iſt ein heillo=
ſes Mädchen!

Amtmann. Da ich nun, dieſer böslichen Ue=
berliſtung ohnerachtet, meiner Pflicht eingedenk ge=
weſen, ſo habe ich mich beſtreben wollen, durch das
Fenſter über der Thür mein Devoir zu erfüllen: und
da bin ich denn leider in diejenige Poſituram gekom=
men, worinn Euer Gnaden mich anzutreffen geruht
haben.

Plattenau. Ha, ha ha! Nu, wo ſteckt denn
der kleine Leichtſinn? Ha, ha!

Amtmann. Euer Gnaden geruhen, ſich ander=
weit ins Ohr raunen zu laſſen, daß, nachdeme oben=
benannter Taubſtumme Dero Fräulein Tochter auf

das

das verliebteſte die Hand geküßt; ja ſogar ſich nach=
hero ſodenn zum zweiten auf die Knie vor Dero nie=
dergelaſſen, und auf Anrathen der Kammerjungfer,
durch Winken und ſonſtige Kennzeichen, von Dero
Fräulein Tochter ins Kabinet gelockt worden.

Plattenau. Ha, ha, ha! Iſt denn der Teufel
in das Mädchen gefahren?

Amtmann. Dieſe Frage ſeh' ich mich genöthigt
unbeantwortet zu laſſen.

Plattenau. Iſt denn der Lord Nickolſon nicht
bey Ihnen? der iſt mir, ehe ichs mir verſehn habe,
aus dem Pfeifenkabinet verſchwunden.

Amtmann. Euer Gnaden geruhen fernerweit
zu beherzigen, was maßen Dero Fräulein Schweſter
mit ermeldetem Lord Nickolſon, während meiner un=
bequemen Sitzung hier oben, allhier ſich in einen
förmlichen Liebeskontrakt eingelaſſen.

Plattenau. Ha, ha! Gott bewahre mir mei=
nen Verſtand! Hier iſt alles närriſch worden! Ha=
ha! Nu, wo ſtecken ſie denn?

Amtmann. Euer Gnaden geruhen ſich fernerhin
erzählen zu laſſen, was maßen ich, eben da ſie ſich
auf das liebreizendſte umarmt gehalten, von unge=
fehr meine Perücke herabfallen laſſen, und ſie bei=
derſeits, mich gewahr werdend, und für den leibhaf=
tigen Satanas haltend, erſchrocken davon gelaufen.

Plattenau. Ha, ha, ha! Still, ſtill! ich zer=
platze! ha, ha!

Amtmann. Euer Gnaden geruhen mir zu er=
lauben, mitlachen zu dürfen!

Plattenau. In Gottes Namen!
Beide. (Lachen herzlich.)

Neunter Auftritt.

Vorige, Hanns (gleich darauf) **der Wirth.**

Hanns. Gnädiger Herr, der Gastwirth ist auf
dem Saale und schreit wie besessen. Ich hab' ihn
schon dreymal abgewiesen, aber er —

Wirth. (entathmet, und furios.) Und wenn
Euer Gnaden mich zeitlebens in den Thurm stecken
lassen — ich muß herein.

Plattenau. Haha! Herr Wirth! Ist er auch
närrisch worden. Hahaha!

Wirth. (schlägt die Hände übern Kopf zusammen.)
Ach das Jerum! Ich und Sie, das ganze Dorf,
wir alle sind betrogen, bestohlen, ermordet, beschimpft,
um Haab und Gut gebracht, wenn Euer Gnaden
mich nicht anhören.

Plattenau. Das ist ja erschrecklich!

Wirth. Der größte Zauberer, Schwarzkünstler,
Spitzbube, Betrüger, von dem in allen Zeitungen
gedruckt steht, der Calliostro ist auf Ihrem
Schlosse.

Plattenau. Ja, ja, es ist richtig! Ihr seyd
alle toll! Haha!

Wirth. Gewiß und wahrhaftig — ich will
nicht gesund auf dem Flecke stehn— Er hat bey mir
logiert — ich hab' ihn behorcht — Er hat noch einen

nen Spitzbuben bey sich. — Sie haben sich für Eng=
länder ausgegeben — wie ich eben erfahren habe,
wollen das gnädige Fräulein Louise in sich verliebt
machen, und mit ihr davon gehn.

Amtmann Euer Gnaden geruhen unmaßgeb=
lich die Sache ernsthaft zu inquiriren.

Plattenau. Der Teufel, da könnte wohl was
dran seyn!

Wirth. Ja, ja, gewiß und wahrhaftig: und
eben hat mir der Kutscher Fritz erzählt, daß sich einer
davon für taubstumm ausgibt.

Plattenau Ist er das nicht?

Wirth. Bewahre der Himmel! Ohren haben
sie wie die Maulwürfe, und Mäuler an den Köpfen,
wie die Schwerdter!

Plattenau. Nu, so viel tolle Streiche sind
wohl, seit dies Schloß auf seinen Quadersteinen
ruht, noch nicht passirt. — Hört, Kinder, das soll
ein wahrer Spaß werden. Herr Amtmann, ruf'
Er sogleich alle meine Leute, Bediente, Kutscher,
Knechte, Bauern und alles mit Knitteln wohl ver=
sehn, hieher. (Amtmann geht ab.) Herr Wirth, Er
bleibt hier, und hilft mir den Taubstummen kuriren.

Wirth. O ich habe ein paar gute Pillen für
ihn parat.

Plattenau. (öffnet das Kabinet, und ruft hinein.)
Heraus, heraus! ihr Mädchen, mit eurem saubern
Coridon!

Zehn=

Zehnter Auftritt.

Plattenau. Wirth, Louise, Salchen, Graf Wilhelm von Sternberg.

Plattenau. (faßt den Graf am Arm, und führt ihn vor.) Mein taubstummer Herr Engelsmann, wollten Sie nicht die Gewogenheit haben, auf ein Minütchen mich zu hören, und mir zu antworten?

Graf. (zeigt etwas Verlegenheit im Blick, spielt aber doch den Taubstummen fort.)

Louise. Papa, Du bist wunderlich! Er soll Dich hören, und ist doch taub; er soll Dir antworten, und ist doch stumm!

Plattenau. Schweig! Nu, wollen Sie uns nicht Ihr angenehmes Stimmchen hören lassen? Ja, ja! Sie sind wohl einer von den süßen Herren, die mit den Augen hören, und mit den Händen sprechen.

Wirth. (ungeduldig) Wollten Euer Gnaden nicht erlauben, ihm meine Pillen einzugeben? — Das Vögelchen soll bald anders singen! —

Plattenau. Sag' mir doch, Du saubrer Hecht! wie hast Du Dich unterstehn können —

Graf (geht, als hätt' er nichts gehört, an die Seite und betrachtet die Bilder an der Wand.)

Wirth. (wüthend) Was? Du willst nicht antworten? Du kehrst unsrer gnäd'gen Herrschaft den Rücken zu, wenn Sie mit Dir spricht? Taub wärst Du? stumm wärst Du? Ey, Du Spitzbube! hast

Du

Du nicht noch heut' Morgen geſchimpft, wie ein Rohrſperling? haſt Du mich nicht gepeinigt, biß aufs Blut? — Hab' ich Dir, Schelm, nicht alle meine Sünden bekennen müſſen?

Graf. Und haſt an der Abſolution nicht genug? (wirft ihn zu Boden, und prügelt ihn mit der Fauſt.) Des Guten kann man nicht zu viel thun.

Louiſe und **Salchen.** (als ſie hören, daß er ſpre= chen kann, ſchreyen erſchrocken, und fahren in einander) Ah!

Wirth. Hülfe! Hülfe! Er ſchlägt mich todt!

Plattenau. Amtmann! Hanns! Friedrich! Georg! — Hülfe! Hülfe!

(Die Bedienten verſammeln ſich mit Knitteln und Tobackspfeifen im Munde.)

Elfter Auftritt.

Jakob, Claudia (ſtürzen herein.)

Claudia. Was iſt das für Lärm?

Plattenau. Wunder über Wunder! die Tauben werden hörend, die Stummen werden redend, haha!

Jakob. (heimlich zum Grafen) Was haben Sie denn gemacht?

Wirth. (den der Graf losgelaſſen) Da iſt der andre Schelm auch!

Graf. (zu Jakob) Weiß Gott, der Wirth muß uns —

Plat=

Plattenau. Greift zu, ihr Leute! und ſchmeißt ſie beyde in tiefſte Loch im Eckthurm! die Schelme!

(Bediente ſpringen zu, Louiſe ſpringt dazwiſchen, und ſtellt ſich vor den Graf.)

Louiſe. Zurück! der erſte, der ihn anrührt, wird mit dieſer Nadel durch und durch geſtochen! Was? deswegen, daß er auch hören und reden kann, wie ihr, wollt ihr ihn in den Eckthurm werfen?

Plattenau. Ha, ha, ha! Greift zu, ihr Leute! Ihr werdet Euch doch nicht für ſo einer Weiber=lanze fürchten?

(Bediente greifen an.)

Claudia. (ſtößt ſie zurück, und ſtellt ſich vor Jakob) Zurück ihr Schlingel! dem erſten, der ihn anrührt, kratz' ich die Augen aus! Was? Leute vom Stande ſo zu behandeln?

Plattenau. Ha, ha, ha! Greift zu! werft die Weiber auch mit in den Eckthurm!

(Bediente greifen an.)

Jakob. (mit fürchterlicher Stimme, thut, als zög er ein Terzerol aus der Taſche) Zurück! Drey Schritte vom Leibe, oder ich jage dem erſten, dem beſten eine Kugel durch den Kopf!

(alles prallt zurück.)

(zum Graf) Kommen Sie! (rennt zur Thüre hinaus, der Graf ihm nach.)

{ **Graf.** Adieu, Louiſe!
{ **Louiſe.** Ach!

| **Plattenau** und **Amtmann.** Halt auf,
{ Mörder!

(Bediente,

(Bediente, Wirth, und alle ſtürzen ihnen
nach, und ſchreyen:)
Halt! halt! Mörder!

Ende des zweyten Aufzugs.

Dritter Aufzug.

Erſter Auftritt.

(Hinter dem Schloſſe Plattenau.)

Jakob und Graf (zerſtöhrt.)

Graf.

Dießmal hat Dein Witz uns ſchön in den Sumpf
geführt! Mit genauer Noth ſind wir dem Todtprü-
geln entronnen! Ich begreife die ganze Begegnung
nicht. Daß der Wirth uns verrathen hat, iſt gewiß; aber eines bloßen Spaßes wegen einem Mann
von Stande ſo impertinent zu begegnen! —

Jakob. Das ſeh ich auch nicht ein. Der Wirth
muß uns aus Rache für die heutige Abſolution ſo
böslich angeſchwärzt haben. — Halt — jetzt fällt
mirs ein — (krazt ſich im Kopf) Ich Eſel — daß
ich nicht eher darauf gekommen bin — An dem ganzen

zen artigen Prello — ist niemand Schuld als —
ich dummer Teufel.

Graf. Wie gewöhnlich! — Gewiß wieder einer
von Deinen Dummkopfsstreichen.

Jakob. Richtig! Heut Morgen setzt mir Wirths
Röschen mit ihrer gewöhnlichen Neugierde zu, zu
wissen, wer Sie wären: und da muß mir der Teufel eingeben, der Dirne weiß zu machen, daß Sie —
daß Sie der Graf Kagliostro wären.

Graf. Kagliostro! welch ein Einfall! Ja, ja,
es ist gewiß, daß Du zuweilen Anfälle von Tollheit
hast.

Jakob. Mir kömmts jetzt selbst so vor: denn
wahnsinnig war ich in dem Augenblick wenigstens.
Ganz gewiß hat sie es dem Vater wieder erzählt.
Zeitungen liest er genug, um den Namen Kagliostro
zu kennen, und Leute von seinem Schlag, stellen
ihn gewiß mit Nikolist oder Doktor Faust in Pa-
rallell. Da ist er denn mit der Neuigkeit auf's
Schloß gerennt, und —

Graf. Aber, wie soll das möglich seyn? In
den neuesten Zeitungen steht ja, daß Kagliostro in
Rom gefangen sitzt.

Jakob Entweder wissen das die dummen Dorf-
teufel nicht, oder haben in dem Augenblick nicht
dran gedacht; wie's zuweilen geht, wenn's durch-
aus unglücklich gehen soll.

Graf. Für diesen dümmsten aller Streiche wärst
Du werth — Sage selbst, kannst Du ihn in Deinem ganzen Leben wieder gut machen?

Ja-

Jakob. Gut machen? — Gnädiger Herr! So wahr, als ich heut Morgen um einen ganzen Esels= kopf zu hoch war — so wahr mach' ich wieder gut, was ich verdorben habe.

Graf. Aber wie?

Jakob. Das weiß ich selbst noch nicht; aber binnen (zieht die Uhr) vier Minuten muß ichs ha= ben.

Graf. Du bist ein Narr! — Ich muß sie wie= der sehen, wieder sprechen! — Es ist ein himmli= sches Mädchen! Ich muß sie besitzen! — Du hättest sie sehen sollen. —

Jakob. Hab' sie gesehen!

Graf. Aber nicht gesprochen. — Es giebt keine größere Unschuld — sie ist die Natur selbst. Ach — und — Jakob! sie liebt mich! sie liebt mich! Ohn' es zu wissen, schwur mir's ihr Auge, die Natur, ihre Mutter, schob sie mir in die Arme — diese Hän= de haben sie umfaßt; diese Lippen haben ihre Ba= cken berührt — Jakob, es giebt keinen Himmel, wenn ich ihn nicht in ihren Armen finde!

Jakob. Da muß ich freylich alle fünf Sinne in Contribution setzen, daß ich mit meinem Plane fer= tig bin, ehe die zwey Minuten vollends um sind.

Graf. Nur geschwind, sie sind gleich zu Ende.

Jakob. Gleich zu Ende? — Und noch wissen wir nicht, wo aus noch ein? — Mein Spiritus fa= miliaris läßt mich einmal verdammt lang sitzen. Aber halt — (pfiffig) Gleich werd' ichs haben. — Ich darf wohl nicht erst fragen, ob es eine Entführung in optima forma werden soll?

Graf.

Graf. Eine Entführung; und wo möglich heute noch: auf die Form kömmt nichts an.

Jakob. Um Verzeihung, alles! Entführt wär' sie gleich; aber wie? das ist die Frage.

Graf. Nur hurtig.

Jakob. Und was wollen wir mit der entführten Unschuld anfangen? Sie werden doch nicht —

Graf. Pfui über den Gedanken! Wag' es nicht, ihn auszusprechen. Anfangs, ich gesteh' es; war's bloß so ein Geniestückchen — so ein Abentheuer meiner gewöhnlichen Art. Aber nun ich sie näher kenne — Nimmermehr! Bin ich so glücklich, sie in meinen Armen zu haben, dann eilen wir per Extrapost nach meiner Heimath. Die 30 Meilen sind in wenig Tagen zurückgelegt. Mein Vater liebt mich, troh meines Leichtsinns und seiner Launen, auf das zärtlichste. Er wird mir, nach einer so langen Abwesenheit, meine erste Bitte nicht versagen; und sieht er vollends den Engel —

Jakob. Et cetera, et cetera! Umgekehrt! wenn wir erst da wären!

Graf. Nun! Dein Plan, Zögerer! wie? wie bekomm' ich sie?

Jakob. nachsinnend) Diesmal wird Ihre Zunge mehr zu thun bekommen, als das vorige mal. — Wie ich gehört und oft selbst gesehn habe, speist der alte Plattenau mit seiner Familie oft, und Sonntags fast allemal, im Schloßgarten. Wir müssen uns verkleiden und unvermerkt, wenns Nacht wird, in den Garten schleichen und Gelegenheit suchen, das Fräulein allein zu sprechen. Ueberredung, Liebe,

und

und ſelbſt die Unſchuld des Fräuleins wird Ihren Sieg erleichtern. Eine halbe Stunde haben wir bis zur Poſtſtation — Ihre Börſe haben Sie bey ſich — die Koffers können uns nicht entgehn, wenn wir nur erſt in Salvo ſind —

Graf. Allgut, aber wie unvermerkt in den Garten kommen? woher die Verkleidung nehmen? Und überreden — Jakob — wahre Liebe verwandelt die geſchmeidigſte Zunge in Bley —

Jakob. Nu bey Ihnen wär das das erſtemal; und Riſiko iſt's freilich immer! (ſchaut auf) Heida! heida! Victoria! Herr, jetzt hab' ich's! (ſpringt auf) He! he! Ihr Leute! kommt her einmal! Geſchwind, nur auf einen Augenblick!

Graf. Was ſollen die Leute? Wenn wir entdeckt würden!

Jakob. Nicht doch!

Zweyter Auftritt.

Vorige, zwey Bergleute mit Zithern.

1. **Bergmann.** (nimmt die Mütze ab) Meine Herren, was ſteht zu Befehl?

Jakob. Hört, Ihr guten Leute, Ihr ſollt uns für gute Worte, und ein tüchtiges Douceur eine kleine Gefälligkeit erzeigen.

2. **Bergmann.** Wir ſtehn zu Befehl, Ihro Gnaden.

P   Jas

Jakob. Ich bin der adeliche Gutsbesitzer dieses Schlosses, das da vor uns liegt, und dieser hier ist mein Herr Bruder, wir wollen uns einen kleinen Spas machen, wozu Ihr uns behülflich seyn sollt. Leiht uns auf ein paar Stunden Eure Zithern und Eure Kleider. (zum Graf) Wie wird das meine Frau Gemahlin überraschen! — Nun, wollt Ihr, Ihr Leute? — Zum Unterpfand lassen wir Euch unsre Kleider hier, die Ihr indessen gut verwahrt. Ein Bedienter wird Euch Eure Kleider zurückbringen, und die unsrigen abfordern. Nu? (zum Graf) Geld! Geld!

Graf. (giebt ihnen Geld) Hier, Ihr Leute, theilt es unter Euch! Wenn wir die Kleider abholen lassen, soll noch mehr folgen.

Bergleute. (sehn sich an) J warum denn das nicht? So viel verdienen wir oft in einem halben Jahre nicht!

Jakob. Nun, so laßt uns die Kleider wechseln.

Graf. Hier nicht; hier ist's so nah' am Wege. Laßt uns dichter ins Gebüsch gehen. (heimlich zu Jakob) Was hast Du vor?

Jakob. Still nur, das geht gewiß! Ich spiele die Zither ein wenig. Sie singen und ich accompagnire. Das Lied fabriciren wir unterwegs.

Graf. Aber man wird mich an der Stimme kennen.

Jakob. Sie sind ja stumm gewesen. Oder haben Sie etwa dem Fräulein im Kabinet was vorgesungen?

Graf.

Graf. Wie oft hab' ich Dir geſagt, daß Du ein Narr biſt!

Jakob. Das kann der Menſch nicht oft genug hören. Kommen Sie; das geht gewiß. Nur muthig, wie ſonſt.

Graf. Nun ſo kommt, Ihr Leute, kommt!

(Alle ab, ins Gebüſch.)

Dritter Auftritt.

(Zimmer auf dem Schloſſe.)

Louiſe (allein.)

(Hat geweint.) Er war alſo nicht ſtumm? — und auch nicht taub? — Er hörte mich, und antwortete mir nicht? — und ich meynte es doch ſo gut mit ihm — das begreif' ich nicht! — Ein Spitzbube und ſo ſchöne Augen — das begreif' ich nicht! — Er umarmte mich ſo zärtlich, ſo feurig, ſo, ſo — ſo — ſo — daß mir's ganz angſt und auch nicht angſt war, — nein, er iſt kein Spitzbube! — Aber alles im Schloſſe ſprichts — — das begreif' ich nicht! — Tante iſt aber auch der Meynung, daß er kein Spitzbube iſt. — Ach, die ſpricht wohl nur ſo, weil der andre Lord in ſie verliebt war — aber — wie man ſich auch in die häßliche, alte Tante verlieben kann — das begreif' ich nicht. — Ach! wenn ſie ſie nur wieder bekämen, daß ichs recht genau ſehen könnte, wie er ausſieht, wenn er nicht

taub

taub und stumm ist — doch nein — dann würde
er in den Eckthurm geworfen. — O, ich wollte,
sie wären über alle Berge! — Da war's — da
war's! da kniete er vor mir nieder, und küßte mir
die Hand, und sah mich an — — Ach, du mein
Himmel, wie war mir's da zu Muth — wie poch=
te mir das Herz! — Warum mir das Herz aber
auch so gewaltig pochte? — das begreif' ich nicht.—
Ach, wer weiß, wer weiß, ob ich ihn in meinem
Leben wieder zu sehen bekomme! (weint.)

Vierter Auftritt.

Louise, Salchen.

Salchen. Ihr Herr Bräutigam ist angekom=
men!

Louise. (schnell) Welcher denn?

Salchen. Nun, wie viel haben Sie denn Bräu=
tigame? der schöne Spitzbube wird nicht mitgerech=
net. Der ist über alle Berge! Der alte Graf Stern=
berg! — Er ist drüben beym gnädigen Herrn.

Louise. Ach, Salchen, ich bin ein armes, un=
glückliches Mädchen! — Komm, sey Fräulein Loui=
se für mich, und laß mich Salchen seyn! Meine
rothen Wangen, und meine Augen, die, wie du
sprichst, so hübsch sind, geb' ich Dir auf den Tausch
hinaus.

Sal=

Salchen. Und wenn Sie mir dieſe Taille, dies Händchen, dies Füßchen noch dazu geben wollten; ich möchte doch nicht an Ihrer Stelle ſeyn.

Louiſe. Nicht wahr, ich bin recht unglücklich?

Salchen. J nu, ſo geradezu denn doch noch nicht. Wir haben ja doch noch Mittel und Wege. Wenn Sie feſt, feſt darauf beſtehn, den alten Gra‑ fen nicht zu heyrathen, ſo wird Sie der Papa ge‑ wiß nicht zwingen, unglücklich zu werden. Der al‑ te Graf ſelbſt, wenn er ſieht—

Louiſe. Recht, Salchen, und er ſcheint mir bey alle dem ein recht guter Mann zu ſeyn.

Salchen. Nur getroſt, und feſten Muths!

Louiſe. Ach — Aber —

Salchen. Nu was denn? Sie werden ſich doch nicht über den frechen, impertinenten Hallunken von Engländer grämen? Seyn Sie froh, daß er noch bey Zeiten entdeckt wurde. Daß ich auch ſo dumm war! heute früh war er in der Kirche— was wollt’ er denn da, wenn er taub und ſtumm iſt? — Ich bin noch ganz verſteinert, wenn ich an die Imperti‑ nenz gedenke. Da herauf zu kommen — aufs Schloß — unter fremdem Namen, und ſich taub und ſtumm zu ſtellen — vor Ihnen nieder zu knien — Sie gar zu umarmen — J daß dich gleich! — du abſcheulicher Betrüger du! Pfuy!

Louiſe. Geh nur! Du weißt viel, was Du ſprichſt! Wenn er Dich ſo umarmt hätte, wie mich, Du würdeſt nicht ſo auf ihn ſchimpfen. (will ab)

Salchen. Wo wollen Sie denn hin?

Louiſ

Louise. In den Garten; ich mag mich nicht mit rothen Augen sehen lassen. Komm mit.

(beyde zur einen Mittelthüre ab.)

Fünfter Auftritt.

Graf Sternberg und **Plattenau** (kommen zur andern Mittelthüre herein.)

Sternberg. (etwas altfränkisch mit Karrikatur gekleidet, doch so, daß er nicht niedrig komisch wird, im Hereingehen) Sie will mich nicht? — das glaub' ich gern! — Ich will selbst mit ihr reden. Willst Du sie' mal herbitten lassen?

Plattenau. Hanns! Louise soll kommen!

Sternberg. Du und Dein ganzes Haus — Ihr kennt mich alle noch nicht. Ich bin sonst gern lustig — das und meine wunderliche Außenseite, und meine mürrische Laune, wenn ich bey Euch war, hat gemacht, daß ich Euch anders geschienen habe, als ich bin. Komm laß uns setzen. (sie setzen sich, er bricht in Thränen aus) Bruder! ich bin Dir ein armer gebeugter Vater!

Plattenau. Was fehlt Dir? So hab' ich Dich noch nicht gesehen. Du bist mir ein schöner Bräutigam! Ist das ein hochzeitlich Gesicht?

Sternberg. Spotte nicht! höre mich lieber an. — Du weißt, daß ich gleich anfangs, als ich das Gut in Deiner Nachbarschaft kaufte, um Deine

ne

ne Louiſe anhielt; und daß Du ſie mir alten Kerl
ſogleich zuſagteſt für ein paar ſeltene Pfeifenköpfe,
wird Deinen Ruhm eben nicht ſehr verherrlichen.

Plattenau. J, das war natürlich nur Spaß.

Sternberg. Still und höre mich aus! —
Wenn Du glauben konnteſt, daß ich das Mädchen
für mich begehrte, ſo biſt Du nicht werth, daß —

Plattenau. Was? Du haſt ſie nicht für
Dich —

Sternberg. Für meinen Sohn! der nun
(weint laut, und zeigt gen Himmel.)

Plattenau. Herr Bruder, da löſcht mir die
Pfeife aus! Du haſt einen Sohn, und der iſt —

Sternberg. (ſchmerzlich) Todt! (Pauſe) Ich
ſagte Dir mit Fleiß nichts davon — Ich wollte
mir eine rechte Freude machen — und Dir ihn un=
verhofft ins Haus bringen. — Ich hatte ihn auf
Reiſen geſchickt — Frankreich, Italien und Eng=
land war er durchreiſt — und aus ſeinen Briefen
ſah ich, daß er viel, viel gelernt hatte, und nicht —
wie's wohl geſchieht— in Frankreich oder in Eng=
land närriſch geworden war — In einigen Ta=
gen erwartete ich ihn zurück, und jetzt — erhalt'
ich eben unterwegs auf der Poſtſtation einen Brief
von einem Freunde aus Hamburg, wo er abſteigen
ſollte, daß das Schiff, worauf er ankommen ſoll=
te — geſtrandet und — alles — alles ertrunken
ſey — und mein Wilhelm auch mit! (weint laut,
Plattenau mit ihm.)

Plattenau. Aber Herr Bruder— iſt die Nach=
richt von ſeinem Tode auch gewiß?

Sternberg. Nur zu gewiß. Hier lies den Brief aus Hamburg. (giebt ihm den Brief) Den 12. May, schrieb er mir in seinem letzten Briefe, fahre ich mit dem Schiff The Countinence von London ab, spreche bey unserm Freund Peterhof in Hamburg ein, und hoffe in vier Wochen Sie zu umarmen — — und das Schiff ist — untergegangen, und alles ist ertrunken, (weint) und mein Wilhelm auch mit.

Plattenau. Aber warum machte er seine Reise nicht über Bremen hieher? — Warum den Umweg über Hamburg?

Sternberg. Weil ich damals, als ich ihm meinen letzten Brief schrieb, das Gut in Deiner Nachbarschaft noch nicht gekauft hatte, und meine übrige Güter alle im Hollsteinischen und Mecklenburgischen liegen.

Plattenau. Lieber Gott! — Ich dachte, der heutige Tag sollte ein Tag der Freude seyn, und nun ist er ein Jammertag für Dich und mich. (weint) Doch was helfen Thränen! — Komm, Bruder, tröste Dich.

Sternberg. Ich will mich trösten; denn — wir sehen uns doch bald wieder! — Herr Bruder, ich habe viel an meinem Wilhelm verloren. Wild, feurig, und muthig war er wie ein Löwe, aber auch sanft und gut wie eine Taube — und schön — o was hätt' ich mir für eine Freude machen wollen! — Deine Louise hätte ihn nur sehen dürfen — dann hätt' ich sie beyde ein Weilchen gequält, und — auf ewig vereinigt! Ein Paar wär's geworden, wie's wie's nun keines mehr geben wird — und alle die Freude meiner grauen Tage iſt mir nun zu Waſſer worden!

Plattenau. Herr Bruder, du machſt, daß ich mit weine, wie ein Kind. Vaterfreuden und Vaterleiden ſind die größten auf der Welt —

Sternberg. Ein einziger Troſt iſt mir noch übrig — der iſt Deine Louiſe!

Plattenau. Wie ſo?

Sternberg. Ich hab' mir's einmal vorgenommen, das Mädchen glücklich zu machen. Du haſt mir ſie verſprochen — Jetzt halt Dein Wort! —

Plattenau. Ich begreife Dich nicht! Vorhin erſt ſprachſt Du ja —

Sternberg. Du ſollſt mich gleich verſtehn. Da kommt ſie. Laß' mich nur allein mit ihr reden.

Sechſter Auftritt.

Vorige. Louiſe (traurig, macht beym Eintritt eine kleine Verbeugung.)

Plattenau. Nu, Louiſe, was iſt das für ein Geſicht? Ich kenne Dich gar nicht mehr. Erſt noch den Vormittag warſt Du die Munterkeit ſelbſt, und nun auf einmal ſo traurig.

Louiſe. Hab ich nicht meinen Vater verloren?

Plattenau. Still, ſtill! Nein, mein Kind, Du haſt Deinen Vater noch. Einen Vater, deſſen einzige Freude Du biſt, der Dich zu nichts zwingen

wird, und deſſen Worte, wenn ſie auch zuweilen an=
ders klingen, doch nur gutgemeinter väterlicher Rath
ſind. Komm, ſey munter und höre, was Dir der
Herr Graf zu ſagen hat.

Louiſe. Das weiß ich lange.

Sternberg. Das mögen Sie wohl ſchwerlich
wiſſen, wie ich es weis. Wollen Sie mich wohl
zwey Minuten lang anhören? — Ich hatte einen
Sohn, für den ich um Sie geworben habe, und
nicht um mich.

Louiſe. Einen Sohn? —

Sternberg. Still, oder der Jammer erſtickt
mich. — Dieſer mein Sohn iſt nun — todt. Ich
wollte aus Euch ein Paar machen. — Ihr hättet
Euch beyde nur ſehen dürfen, um euch zu lieben —
Ihr ſolltet mir beyde die Augen zudrücken — Aber
nun — nun hab' ich auf der ganzen Welt keinen
Menſchen mehr, den ich liebe. Meine Verwandten,
väterlicher Seite, ſind ausgeſtorben, und die von
der mütterlichen Seite ſind der Luft nicht werth, die
ſie einathmen. — Ich habe keinen Menſchen mehr
als Dich — Laß mich Dich immer Du nennen,
denn Du ſollſt mir die Stelle meines Wilhelms ver=
treten. Ich bin Herr von vierzig Dörfern, und Du
ſollſt meine Erbin ſeyn. Um Dir aber dieſes Ver=
mögen zu ſichern, mußt Du wenigſtens in den Au=
gen der Welt meine Frau werden. Das paar Jah=
re, die ich noch zu verleben habe, pflegſt Du mich,
und nimmſt meine väterliche Liebe, und nach meinem
Tode alle meine Güter zum Lohn. Ich bin ein al=
ter, guter Kerl: ich wüßte keinen Menſchen, mit

dem

dem ich nicht hätte auskommen können. Unterdeſſen
lehr' ich Dich die Menſchen kennen, führe Dich in
die große Welt ein, und ſetze Dich in den Stand,
nach meinem Tode Dir einen Gatten zu wählen, der
Deiner würdig iſt.

Plattenau. Herr Bruder! laß Dich umarmen,
Du biſt ein wahrer Edelmann! — Nun, Louiſe,
was ſagſt Du?

Louiſe. (will dem Grafen die Hand küſſen) Sie
ſind ein recht guter Mann!

Sternberg. Komm, meine Tochter, daß ich's
einmal wieder fühle, wie's thut, wenn der Vater
ſein Kind umarmt. (er umarmt ſie.)

Siebenter Auftritt.

Vorige, Claudia (mit einem Zeitungsblatt in
der Hand, ſtürzt herein.)

Claudia. Da, hier! hier! hier! lies! lies, ſo
lang' bis Du blind wirſt! Du ungezogener abſcheulicher Mann! — (wird den Graf gewahr, komplimen-
tirend) Unterthänige Dienerin, Ihro Excellenz! freut
mich, Sie wohl zu ſehen! Zeithero wohl befunden?
— lieb und angenehm! wünſche, daß Sie ſich ferner wohl befinden mögen! (wendet ſich zu Plattenau
im vorigen Ton) Oder wart! ich will Dir's vorleſen,
horch! "Rom den 23. März. Geſtern iſt der be-
"rüchtigte Kaglioſtro gefänglich eingebracht, und
"ſehr feſt verwahrt worden." Nun, was ſagſt Du
dazu?

dazu? Sprich! — toll, wie toll seyd ihr alle, ihr habt zwey der reichsten, angesehensten, scharmantesten, frömmsten Herren, aus purer, klarer, abscheulicher Dummheit, auf das schnödeste behandelt! Du Rabenvater, hast Deine Tochter um einen artigen, züchtigen und frommen Ehegemahl — Du Rabenbruder, hast mich, Deine gute arme Schwester, die Dich so viel Jahre her auf den Händen getragen, mit christlicher Lieb' und Demuth Deine Ungezogenheiten geduldet, und sich von Deinem Tobacksdampf hat durchräuchern lassen — Deine arme, gutherzige Schwester, sag' ich, hast Du um alles gebracht, was ihr auf Erden theuer und werth war — um ihren frommen und gottseligen Bräutigam, der nun auf immer für sie verloren ist, und den ohne Zweifel der Gram verzehrt! daran bist Du ganz allein Schuld! Du ungläubiger Thomas! Verstockter Pharisäer! grausamer Herodes! verrätherischer Ischariot! — diese abscheuliche Frevelthat wird an Deinem Gewissen fressen, wie Schlangenbisse! der Gram wird Dich brennen, wie die Flamme des Höllenpfuhls!   (ab.)

Achter Auftritt.

Vorige, ohne Claudia, hernach Hanns.

Sternberg. Was war das?
Plattenau. Das Wetter kühlt sich. Es wird morgen ein schöner Tag werden.

                              Hanns.

Hanns. Die Tafel ist servirt im Garten.

Plattenau. Kommt, Kinder! Meine Pfeife ist aus! Es ist ganz finster worden. Herr Bruder, wir wollen heut die Gläser in Contribution setzen, und Deine Thränen sollen verrinnen, wie der Staub im Platzregen, wir wollen blöcken wie die Kälber, wenn sie ihr Futter kriegen, und hüpfen, wie ein junges Rehfüllen, das zum erstenmal Gras frißt. Kann ich nicht gut parodiren, hahaha!

(Alle ab.)

Neunter Auftritt.

(Nacht. Garten. Im Hintergrunde ein erleuchteter Gartensaal.)

Jakob, und Graf Wilhelm von Sternberg
(als Bergleute mit Zithern.)

Jakob. Auf mein Wort, es geht! Nur Gelegenheit, sie zu sprechen — weiter wünsch' ich nichts: das andre giebt sich, wie's Griechische.

Graf. Herein wären wir glücklich; aber wie wir wieder hinaus kommen werden, das weis der Himmel! doch ich bin auf alles gefaßt. Was kann ich schlimmers erfahren, als Louisens Verlust! —

Jakob. Nur alle Kunst der Beredsamkeit aufgeboten!

Graf. Kunst thut hier nichts! Wenn die Natur mir nicht hilft, so bin ich verloren.

Jakob.

Jakob. Still! dort kommen sie. Wir wollen uns hier in den Seitengang verbergen, und erst, wenn sie zu Tische sitzen, mit unsern Zithern hervorbrechen, und das Lied anstimmen, so schmelzend, daß die Sandkörner sich fester an einander drücken, und Blätter und Blüthen mit einander buhlen sollen, wie die Sperlinge. (beyde ab.)

Zehnter Auftritt.

Plattenau, Graf Sternberg, sich führend, und mit einander plaudernd. **Louise,** ihnen nach mit gesenktem Kopfe. (Gehen alle in den Gartensaal. Einige **Bediente** folgen mit allerhand Tischgeräthe; da der Eingang an der Seite ist, so wird man sie nur auf einige Augenblicke gewahr. **Hanns** mit Tellern. **Salchen** mit zwey Lichtern.

Hanns. Auf ein Wort, Salchen! Hör' ich recht oder nicht? Ist's wahr, daß unser Fräulein den alten Grafen noch freyen wird?

Salchen. (weinend) Zerplatzen möcht' ich vor Aerger, daß es wahr ist. Nun, das wird wieder einmal eine schöne Ehe werden! Bey allen meinen Herrschaften war immer ein junger Mann, und eine alte Frau, oder eine junge Frau, und ein alter Ehekrüppel. Immer schön mit häßlich gepaart! Kein einziges mal, daß ich hätte sagen können: Ein Paar, wie Adam und Eva!——

Hanns.

Hanns. Und was kömmt vom Pferd und Eſel zum Vorſchein? Ein Maulthier! Sang Komparationis!

Salchen. Still, Hanns, wenn's jemand hörte!

Hanns. (luſtig) Da würd' ich fortgejagt? Je nu! Unſers lieben Gottes Brod wächſt überall!

(Mit einem Bocksprung mit Salchen ab in den Saal, Bediente gehen aus und ein.)

Elfter Auftritt.

Graf, Jakob.

Graf. Haſt Du gehört, was der Bediente ſagte? Jakob! ich verzweifle an unſerm Bergmannsglück.

Jakob. Das Waſſer ſteht bis an den Hals! Nun kömmt's drauf an, ob wir gut ſchwimmen können.

Zwölfter Auftritt.

Hanns, mit Tellern aus dem Saal. Vorige.

Hanns. Was wollt ihr hier, ihr Leute?

Jakob. Wenn die gnädige Herrſchaften erlauben — (nimmt die Mütze ab.)

Hanns.

Hanns. Wartet, ich will erſt fragen. (Zurück in den Saal.)

Jakob. Iſt Ihre Zither geſtimmt?

Graf. So halb und halb!

Jakob. Nur Courage!

Hanns. (zurückkommend) Ihr ſollt ſpielen; aber was hübſches. Hier iſt ein Biergeld von dem Herrn Bräutigam.

Jakob. Danken unterthänigſt!

(Hanns ab.)

Graf. Das heb' auf, zum Andenken!

(Treten dem Gartenſaal näher, ſpielen, und ſin=
gen beyde.)

Es haſchet nach Freude der Bettler und König,
Und ſind doch der wirklichen Freuden ſo wenig.
Der König verfolgt ſie mit krankem Gelüſter,
Den Bettler erdrücket ſein Sorgen = Torniſter.
Der König läßt unerkannt weit ſie zurücke,
Der Bettler ihr nachkriecht mit Schnecken = Geſchicke.
Nur der iſt ihr Liebling, nur der iſt beglückt,
Den weder der Purpur, noch Bettelſack, drückt.

Der König haſcht ängſtlich auf Pflaumen nach Schlummer,
Den Bettler macht ſchlaflos ſein nagender Kummer;
Der König fängt Grillen im goldenen Gemache,
Dem Bettler iſts bang' unter niedrigem Dache;
Nur den liebt die Freude, nur der iſt beglückt,
Den weder der Purpur, noch Bettelſack, drückt.

Der König gähnt träge bey liebenden Küſſen,
Den Bettler läßt Hunger den Kuß nicht genießen —

Den

Den Kbnig verfolgen des Diadems Sorgen,

Den Bettler die Sorg' um den künftigen Morgen;

Den König führt Unmuth zum Tanz und zum Spiele,

Den Bettler der Mangel zum ſtrohernen Pfühle.

Nur den liebt die Freude, nur der iſt beglückt,

Den weder der Purpur, noch Bettelſack, drückt.

Dreyzehnter Auftritt.

Vorige. **Louiſe**, die während des Liedes heraus
gekommen iſt, und aufmerkſam zugehört hat.

Louiſe. (zum Grafen) Hat Er das Lied ſelber
gemacht?

Graf. Ja, Ihr Gnaden!

Louiſe. Seyd Ihr weit her?

Graf. Zwanzig Meilen.

Louiſe. Habt Ihr eine Frau?

Graf. Nein, ich ſuche mir erſt eine.

Louiſe. Närriſcher Menſch! Sucht Ihr ſchon
lange?

Graf. Schon ſehr lange!

Louiſe. Giebts denn ſo wenig Weiber?

Graf. Das eben nicht, aber die guten ſind
ſelten.

Louiſe. Was ſeyd Ihr für ein Landsmann?
Ihr ſprecht ja ſo hochdeutſch!

Graf. (heimlich) Jakob, ich bin verrathen.

Jakob. Nur zu, den Knoten friſch entzwey
ſchauen.

Q   **Louiſe,**

Louiſe. Was ſagt Ihr von verrathen? Warum antwortet Ihr nicht?

Graf. (ergreift ihre Hand) Ach, gnädiges Fräu-lein!

Louiſe. (zieht die Hand zurück) Was ſoll das? Jakob Nur zu!

Graf. Ach, ich bin kein Bergmann —

Louiſe. (erſchrickt) Was denn ſonſt?

Graf. Verzeihung, Engel! Ich bin der Un-glückliche, der heut' ſich für taubſtumm aus —

Louiſe. (ſchreyt) Ah!

Graf. Um des Himmels willen, verrathen Sie mich nicht.

Vierzehnter Auftritt.

Hanns, mit einigen Bedienten ſpringen herzu.
Plattenau.

Plattenau. (mit der Serviette, und einem Stück Kuchen, wovon er ißt.) Was iſts? was ſchreyſt Du, Louiſe?

Louiſe. Ach nichts! da hüpfte mir ein Froſch über den Fuß.

Plattenau. Dachte Wunder, was es wär! — Na, ihr Leute! ſpielt nun noch was luſtiges! das erſte iſt recht hübſch gegangen! Hanns, gieb her-nach den Leuten zu eſſen und zu trinken! — Ver-zehrts auf meine und Braut und Bräutigams Ge-ſundheit.

Jakob.

Jakob. Danken unterthänigſt.

Plattenau. Willſt Du nicht mit herein, Louiſe?

Louiſe. Papá, laß' mich noch ein wenig den Bergleuten zuhören.

Graf. (heimlich zu Jakob) Ich fange an wieder zu hoffen.

Plattenau. Na, wie Du willſt! wenn Dir aber wieder ein Froſch über die Beine hüpft, ſo magſt Du's haben!

(ab, in den Saal, die Bedienten folgen.)

Fünfzehnter Auftritt.

Jakob, Graf, Louiſe.

Graf. Wenn Sie mich nicht zum unglücklichſten Menſchen auf der Welt machen wollen, ſo gönnen Sie mir auf einige Minuten Gehör!

Louiſe. Aber, wie kommen Sie zu der Verkleidung?

Graf. Ich bin kein Engländer; ich bin aus einem der erſten Gräflichen Häuſer in Deutſchland gebürtig. — Seit dem Augenblick, da ich Sie das erſtemal ſah, ſchlägt mein Herz für Sie. Daß ich mich für taubſtumm ausgab, that ich auf Anrathen meines Kammerdieners, um deſto beſſere Gelegenheit zu haben, Sie zu ſehen und kennen zu lernen. Ich war glücklich: ſah Sie, hörte Sie, fühlte Ihr Herz an dem Meinigen ſchlagen, Ihre Lippen die Meinige berühren — Und hätt' ich mich auch nicht

Q 2

taub=

taubstumm stellen müssen, für das Gefühl, das mich da durchströmte, hätt' ich doch keine Worte finden können — Ja, himmlisches Mädchen! Ich liebe Dich mehr, mehr als alles, was auf Erden und im Himmel liebenswürdiges ist. Ich bete Dich an, Engel der Unschuld! Ich kann ohne Dich nicht leben! —

Louise. (macht sich los von ihm.) Ach Gott, lassen Sie mich!

Graf O, ich bin unglücklich! — Ich glaubte in diesem Auge Gegenliebe für mich zu lesen; aber — ach! mir bleibt nichts als Verzweiflung!

Louise. Sie sind wunderlich! Ich habe Sie geliebt, da Sie taub und stumm waren: und sollte Sie nicht mehr lieben, weil Sie hören und reden können?

Graf. (entzückt) Sie liebt mich! Sie liebt mich!

Louise. Ja, ich war Ihnen gleich gut, schon als ich Sie zum erstenmal sah.

Graf. O, ich Glücklicher! (will sie umarmen)

Louise. Still, ich muß fort! Wenn Eins käm', und uns so säh?

Graf. Grausame! Jetzt wollen Sie mich verlassen? Sie lieben mich, wie Sie sagen, sind an einen andern versprochen, und — wollen mich verlassen?

Louise. (traurig) Muß ich nicht?

Graf. Nein, Sie müssen nicht! Entfliehen Sie mit mir. Ich bin reich, so reich, daß tausend paar liebende sich auf meinen Gütern satt essen können.

Für

Für meines Vaters Einwilligung steh ich. (warm) Wenn Du mich liebst, himmlisches Mädchen, so mach' mich nicht unglücklich! denn wenn Du mir entrissen wirst, so bin ich in Verzweiflung.

Louise. Ach, das thut mir leid. Aber, so lieb ich Dich habe, das kann ich nicht, kann meinem guten Vater das Herzeleid —

Graf. O, sind wir nur erst auf immer vereinigt, und haben die Einwilligung meines Vaters, so schreiben wir einen Brief an den Ihrigen, der sein Herz gewiß zerschmelzen soll, und wär's von Marmor — Folge mir, theuerstes Mädchen! — Sie sind an einen alten häßlichen Mann versprochen.

Louise. (erschrickt) Ach, unmöglich kann ich ihn heyrathen. —

Graf. (dringend) O, so komm! Mach' mich zum glücklichsten Menschen! Dein Glück soll das Meinige seyn; auf den Händen will ich Dich tragen. — (feurig) Ja, ja! Du bist entschlossen! Nicht? o ja, ja, ja Du liebst mich, das weiß ich! das sagte mir Dein erster Blick, Du kannst mich nicht unglücklich machen.

Louise. Ach! Du mußt mich nicht so rührend ansehn — oder ich thu' alles, was Du willst. — Aber ich kann mich unmöglich entführen lassen. Da, siehst Du, ich weine! (weint.)

Graf. Laß sie mich wegküssen, diese Thränen — (küßt sie.) Fort! Fort! (will Arm an Arm mit ihr ab, Louise hält ihn zurück.)

Q 3   **Louise.**

Louise. Ach ich bitte Dich, entführ' mich nicht mit Gewalt — mein armer Vater — O weh, da kömmt meine Tante —

Graf. Kommen Sie, wir sind entdeckt, da ist sonst kein Mittel!

Louise. Ach, so muß ich mich doch entführen lassen? was fang ich nun an? kommen Sie doch wenigstens auf mein Zimmer. Da nehm' ich nur eine Saloppe um, und gebe Ihnen einen weißen Mantel von meinem Vater —

Graf. Wie Sie wollen, mein Engel! Jakob, Du erwartest uns an dem Gitter, wo wir überge- stiegen sind. (ab.)

Jakob. Gut! Nur sputen Sie sich.

Sechszehnter Auftritt.

Jakob, dann Claudia.

Jakob. Nu, das gieng ja über alle Erwartung schnell! — Das ist wahr, nichts ist leichter besiegt, als die Unschuld! Junge Finken sind leicht gehascht, und wer am ersten krebst, fängt die meisten. (will ab)

Claudia. (stößt ihm auf mit einem Licht, wovor Sie die eine Hand hält) Wer ist da? Wer seyd Ihr? Was wollt Ihr hier? Ihr Lümmel! Ihr Schurke! wer hat Euch geheißen in den Garten kommen?

Jakob. (für sich) Jakob in der Klemme! Ein Jammerspiel in einem elenden Aufzuge!

Clau=

Claudia. Nu, wollt Ihr antworten, Ihr Flegel? Ihr dürft mich leicht erbittern, ſo ſchlag' ich Euch — (ſchlägt ihm die Mütze vom Kopf, leuchtet ihm ins Geſicht, und erkennt ihn.)

Jakob. Gnädiges Fräulein — ums Himmels willen —

Claudia. Ich fall' in Ohnmacht. Herr von Lord! Sie hier? in einem ſo elenden Bergmannskleide?

Jakob. (für ſich) Was ſoll ich machen? (reſolvirt) Die Liebe zu Ihnen, holder Engel! Die frömmſte Liebe zu Ihnen konnte mich allein dazu bewegen — Noch einmal wollt' ich Sie ſehen, und dann fort, fort! auf ewig fort!

Claudia. O ich bitte tauſendmal um Verzeihung, daß ich Sie vorhin ſo ſchnöde behandelt habe!

Jakob. (ängſtlich) Nur ſtill, meine Einzige! Wenn man mich erkennte!

Claudia. Warum denn? O, Sie haben nichts mehr zu fürchten! Wir wiſſen, daß Sie nicht der böſe Graf Kaglioſtro ſind: in den Zeitungen haben wirs geleſen, daß er in Rom gefangen ſitzt! Spatzieren Sie herein, mein theuerſter Herr von Lord! Sie werden die glänzendſte Satisfaction von meinem Herrn Bruder erhalten.

Jakob. Nein, nein! ums Himmels willen nicht! Sterben würd' ich vor Schaam — nach einer ſolchen Behandlung — nein — nimmermehr! — Ich habe Sie noch einmal geſehen, und nun — Adieu! meine Angebetete! (für ſich) Ach, Himmel! vergieb mir meine Sünde!

Claus

Claudia. (jämmerlich) Mich armes, unschuldiges, unglückliches Mädchen wollen Sie zurücklassen, auf daß der Jammer mich in der Blüte meiner Jahre verzehre? (stürzt ihm um den Hals) Nein! ich lasse Dich nicht! Ich lasse Dich nicht! — Du hast einmal mein Herz — ich folge Dir, wohin Du willst — denn wo Du bist, muß Deine Claudia auch seyn!

Jakob. (für sich) Alle Teufel! da steck' ich schön.

Claudia. Auf, fort von hinnen! Laß uns eilen, mein Allervortrefflichster! die Wände haben Ohren! — Wie? Sie schweigen?

Jakob. Ich bin ganz starr von Entzücken! Wie? Was? Du, meine Einzige! mein Engel! —

Claudia. Ich folge Dir bis in den Tod! — Auf denn! Fort! Fort! der Verräther schläft nicht.

Jakob. Aber — meine Theuerste! —

Claudia. Nur hurtig! Ich höre schon die Stühle knarren im Saal —

Jakob. So leicht gekleidet, wie Sie sind! Wie bald könnten Sie sich verkälten! die Nacht ist kalt. Und wir müssen die ganze Nacht fahren. Ich werde Sie erwarten, wo Sie wollen. Gehen Sie und werfen einen Mantel um, der Sie für den Nachtwind schützt! — und dann fort, fort! auf meine Güter!

Claudia. Gut, gut! Erwarten Sie mich hinterm Schloßgarten! — Adieu indessen, mein Augapfel! Adieu!

Jakob. (zärtlichst) Adieu! meine —

Sie=

Siebenzehnter Auftritt.

Jakob (allein.)

Hol' Dich der Teufel, mein Kind! — Gottlob!
daß ich ſie mir noch ſo vom Halſe ſchaffte! Jetzt in
aller Eil zu meinem Seladon, um ihm den Handel
zu ſtecken, damit ſie der gottſeligen Furie nicht in
den Weg kommen! (ab.)

Achtzehnter Auftritt.

Plattenau, Sternberg, Bediente (hinter ihnen.)

Plattenau. Komm nur mit!

Sternberg. O laß mich hier!

Plattenau. Du wirſt noch zeitig genug Dein
halb Dutzend Flaſchen leeren! Ich will Dir nur die
Köpfe zeigen, die mir die närriſchen Engländer heut
geſchenkt haben. Ich möchte nur wiſſen, ob ſie ächt
ſind, oder nicht? — Aber wo ſind denn unſre Mu-
ſikanten? Sie habens Geld genommen, und haben
ſich ſkiſirt.

Sternberg. Nu ſo komm! (ab.)

Neun=

Neunzehnter Auftritt.

(Zimmer auf dem Schlosse, ohne Licht)

Claudia, (in einem weißen Mantel, und runden Hut.)

So werd ich am besten unerkannt bleiben. Diese Wechsel will ich in meinem Busen verwahren; denn man weiß doch nicht — Männer sind — Männer. Man kennt sie schon. So! dies Schmuckkästchen, diese Perlen! so, nun wär ich fertig! Adieu, du verhaßtes Eulennest! — Ich fliege in die Arme meines Schäfers!

Zwanzigster Auftritt.

Vorige, Jakob (kömmt schnell herein.)

Jakob. Gut, daß ich Sie treffe! Unglück über Unglück! Aber, noch ist's Zeit! nur eilen Sie! Da stößt mir der alte Drache, die gottselige Claudia auf, erkennt mich, und — will wider des Teufels Dank von mir entführt seyn! — was wollt' ich machen? Ich habe sie hinter das Schloß bestellt, und bin gleich hieher gesprungen, es Ihnen zu stecken, damit wir einen andern Weg nehmen können.— Aber, wo haben Sie denn das Fräulein? Geschwind, wir haben keine Zeit zu verlieren.

Claudia. (versteinert) Ey Du abscheulicher, satanischer Betrüger! Du verlarvter Beelzebub! Du
Scheu=

Scheusal! Hülfe! Hülfe! he! he! Diebe! Mörder! Herbey, ihr Leute! (sie läuft ab, und schreyt immer noch hinter der Scene.)

Einundzwanzigster Auftritt.

Jakob (allein.)

Alle Teufel! Bin ich denn verdammt, heut lauter dumme Streiche zu machen? (greift ans Ohr) Das wundert mich, daß meine Ohren nicht um eine Spanne länger geworden sind! — was zu thun? — Zum Fenster hinab? (sieht hin) Das ist zu hoch!

Zweyundzwanzigster Auftritt.

Graf. Louise (verkleidet). Jakob.

Graf. Das weiß Gott, was da auf einmal für ein Lärm entsteht! —

Louise. (ängstlich) Wir sind verrathen.

Graf. Es hat uns doch niemand gesehen!

Jakob. Ach, sind Sie's wirklich, gnädiger Herr? — Es ist alles aus! Mein Verstand steht still! — Jetzt ist kein andrer Weg, als zum Fenster hinab.

Graf. Was ist denn vorgefallen?

Jakob. Ein dummer Streich nach dem andern! Jetzt kann ichs unmöglich erzählen! Nur geschwind

einen

einen Strick oder ſo was! wir müſſen uns zum Fenſter hinab laſſen! (Lärm, und Claudiens Stimme von außen) Da kommen ſie ſchon! Nun iſt's aus! Jetzt ſteht meine Uhr ſtill! Jetzt richtet Euch, ſo gut Ihr könnt, nach der Sonne.

Letzter Auftritt.

Alle. Bediente, mit Licht, mit Knitteln, De- gen, Flinten ꝛc.

Claudia. Licht! Licht! hieher! Da — da ſind die Spitzbuben, und dieſer (auf Jakob zeigend) iſt der ärgſte.

Plattenau. Greift zu!

Alle. (lärmen) He! he!

Graf. (wird Sternberg gewahr, ſtutzt, und ſtürzt vor ihm n eder) Mein Vater! Vater! Vater!

Sternberg. Mein Wilhelm! mein Sohn! Du lebſt? Wie kömmſt Du hieher? das Schiff, von dem Du mir ſchriebſt, iſt ja untergegangen?

Graf. Die Nachricht war falſch. Wir hatten zwar große Gefahr.

Plattenau. Der Taubſtumme iſt Dein Sohn?

Sternberg. Nun, Mädchen, welchen willſt Du? Den Vater, oder den Sohn?

Louiſe. Den Sohn; und wenn er auch wirk- lich taubſtumm wäre.

Sternberg. Taubſtumm?

Plattenau. Ha, ha, ha! Morgen will ich Dir den Spaß erzählen.

Clau-

Claudia. (leiſe zu Jakob) Soll ich unſre Hey=
rath nun deklariren?

Jakob. Wie Sie befehlen, meine Gnädige! —
Jakob macht ſich eine Ehre daraus, der liebenswür=
digen Claudia Gemahl zu werden.

Graf. Schweig! Gnädiges Fräulein, ver=
zeihen Sie der Liebe den Betrug.   Er iſt mein Kam=
merdiener!

Claudia. O du Sünder!

Sternberg. Ey, ey, was werd' ich alles er=
fahren.

Jakob. Kleine Sünden!

Graf. Aber Liebe, Schönheit und Unſchuld ha=
ben mich bekehrt.

Ende des Luſtſpiels.